くらべる京都

岡部敬史・文　　山出高士・写真

東京書籍

日本の歴史において数々の舞台となり、また日本を代表する観光地でもある京都は、これまでもたくさんのガイドブックで、いろんな形で紹介されてきました。

本書はこの京都にまつわる様々な事柄を「くらべる」ことで、新たな魅力や別の見方を発見しようとしたものです。

「Part.1 京都をくらべる」では、「道路」や「橋」や「川」、そして「刀傷」など、主に地理や歴史に関することをくらべています。

「Part.2 京都のくらべる」では、「うどん」や「丼」に「おばんざい」、そして「喫茶店」など、主にお店や食べ物に関することをくらべています。

「Part.3 京都とくらべる」では、「鴨川に似ている川」や「京都タワーに似ている建物」など、京都に似ている風景や建物に関することをくらべています。

本書には、上記のような「くらべる京都」が33項目掲載されています。各項目は4ページ構成で、最初の2ページでその両者の写真を掲載、そしてめくったところに、その解説とお店の詳細など、付随情報を紹介しています。なお、基本的にくらべる両者のうち西側にあるものを向かって左側のページに、東側にあるものを向かって右側のページに配置しています。ただ、南北に位置するものや、文脈的に読みやすくなると判断したとき、また位置に関係しないものなどは、その限りではないことをご了承ください。

本書内の順番は各章において、各項目の左側に配したものの五十音順によって配列しています。前から順に読む必要はありませんので、パラパラとめくって気になったところからご覧ください。またコラムでも京都の文化や楽しみ方にも触れていますので、こちらもお楽しみください。

文は主に岡部敬史が担当し、写真は山出高士が担当しました。

すべて私たちがその場におもむいて感じた文章、撮影した写真を使い、事物の共通項や違いが紙面からパッと理解してもらえるように構成しています。取材・撮影の苦労話なども、コラムを通じて楽しんでもらえたらと思います。

なお本書で紹介できている「くらべる京都」はほんの一部にすぎず、多種多様な対象の中から、著者の興味や知識、取材のおよぶ範囲でセレクトしていることをあらかじめご了承ください。また解説のもとになった歴史や文化の解釈には諸説あり、様々な例外も存在しますが、それらを網羅的に紹介することは本書の趣旨を超えています。著者の視点によって、あるいは代表的な説にしぼって紹介していることをお断りしておきます。

京都に生まれた私は、現在、東京で暮らしていますが、離れたからこそ気づいた京都の面白さがたくさんありました。京都ってこんな見方もできるんだ——。そんな発見の一冊になりましたら嬉しく思います。

岡部敬史

Part.2 京都のくらべる

お店と食べ物。提灯と乗り物

Part.3 京都とくらべる

橋とタワーと風景と

京都コラム

こんな風に旅するコラム

デザイン／サトウミユキ（keekuu design labo）　表紙＆本文写真／山出高士

part.1

京都をくらべる

地理と歴史

応仁の乱の刀傷

池田屋騒動の刀傷

三条大橋の擬宝珠に残るのが「池田屋騒動の刀傷」

千本釈迦堂に残るのが「応仁の乱の刀傷」

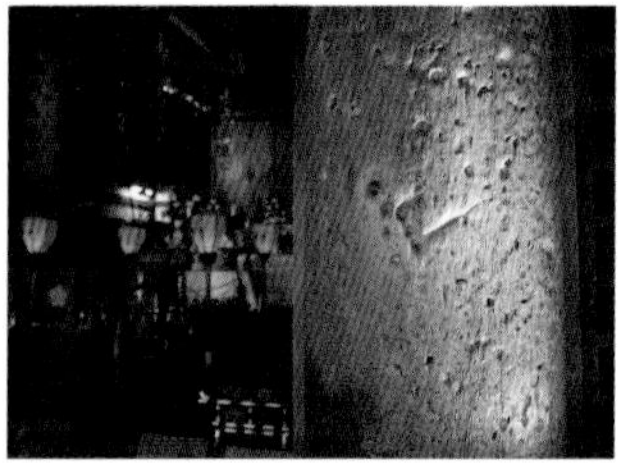

幾多の戦乱を経てきた京都の町では、様々な時代の刀傷を見ることができる。室町時代の戦乱・応仁の乱の刀傷が残るのが「千本釈迦堂」の名前で親しまれる「大報恩寺」の本堂。応仁の乱では、京都市街の大半の建物が焼失したが、こちらの本堂は奇跡的に戦乱を逃れ洛中最古の建築物として国宝に指定されている。一方、幕末の池田屋騒動のときの刀傷を見ることができるのが、三条大橋に据えられた擬宝珠《ぎぼし》。三条大橋は鴨川の氾濫でたびたび流出しているが、流出を免れた擬宝珠がその後も使われた経緯もあり、南北、どちらも西から2つ目にその刀傷が残っている。池田屋騒動の舞台となった旅館・池田屋は、この三条大橋から西へ数十メートル歩いたところにあったが、現在は、同名の居酒屋になっている。

「おかめ」と「大根だき」でも名高い
千本釈迦堂

撮影にご協力いただいたのは京都市上京区にある「千本釈迦堂」の名で親しまれる「大報恩寺」。幾多の戦乱を逃れた本堂は、安貞元年（1227年）に創建されたままの大変貴重な建物。「おかめ」発祥の地としても知られ、毎年２月には「おかめ節分」が行われる。また12月７日と８日には、お供えの大根を炊いて無病息災を願う「大根だき」が行われることでも有名。その他、様々な年中行事が行われているので、市内散策の折にぜひ訪れてみてください。

大堰川

桂川

全長114キロに渡る川の名前が「桂川」

渡月橋付近の川の呼び名が「大堰川」

あなたは「嵐山を流れている川の名前は？」と問われれば、なんと答えるだろうか。「桂川」「大堰《おおい》川」「保津川」などが答えとして考えられるが、明快に答えられる人は意外と少ないように思う。嵐山を流れている川は、南丹市美山町佐々里の東方に位置する佐々里峠を源流とし、花背や南丹市日吉町、亀岡、保津峡を経て流れてくる「桂川」である。この桂川は、嵐山を経て鴨川と合流。その後、大山崎町で木津川、宇治川と合流して淀川となるまでの全長114キロを流れている――。このように源流から淀川となるまで一貫して「桂川」というのがひとつの答え。ただ、その土地ごとにいろんな呼ばれ方をしており、たとえば亀岡から渡月橋の上流となる保津峡エリアでは「保津川」と呼ばれる。そして保津川より上流の八木地区から亀岡地区までと、渡月橋付近では「大堰川」と呼ばれる（その下流は「桂川」と呼ばれる）ので「大堰川」というのもひとつの答えとなる。

嵐山に来たならば
「亀山地区展望台」へどうぞ

嵐山を訪れた人が、意外と立ち寄らずに帰ってしまうのが、「嵐山公園亀山地区展望台」。この展望台から望む保津川の景色は、平安時代の頃から変わっておらず、今も昔も人々から愛されてきた貴重なもの。ぜひ立ち寄って、美しい川を下ってくる保津川下りの船を眺めてください。

男坂

女坂

急な坂が「男坂」

なだらかな坂が「女坂」

高いところにある寺や神社に向かうとき、坂が急なほうを「男坂」。坂がなだらかなほうを「女坂」と呼ぶ。京都にもいくつかの男坂、女坂が存在するが、なかでも全国的に広く知られているのが知恩院のもの。急勾配な男坂でも、なだらかな女坂でも国宝の本堂「御影堂《みえいどう》」近くにたどり着く。男坂は、トム・クルーズが主演した映画『ラストサムライ』のロケ地としても名高い。下から見る光景も、昇りきって上から眺めおろす風景もそれぞれ異なる味わいがある。

京都三大門のひとつに数えられる知恩院の「三門」

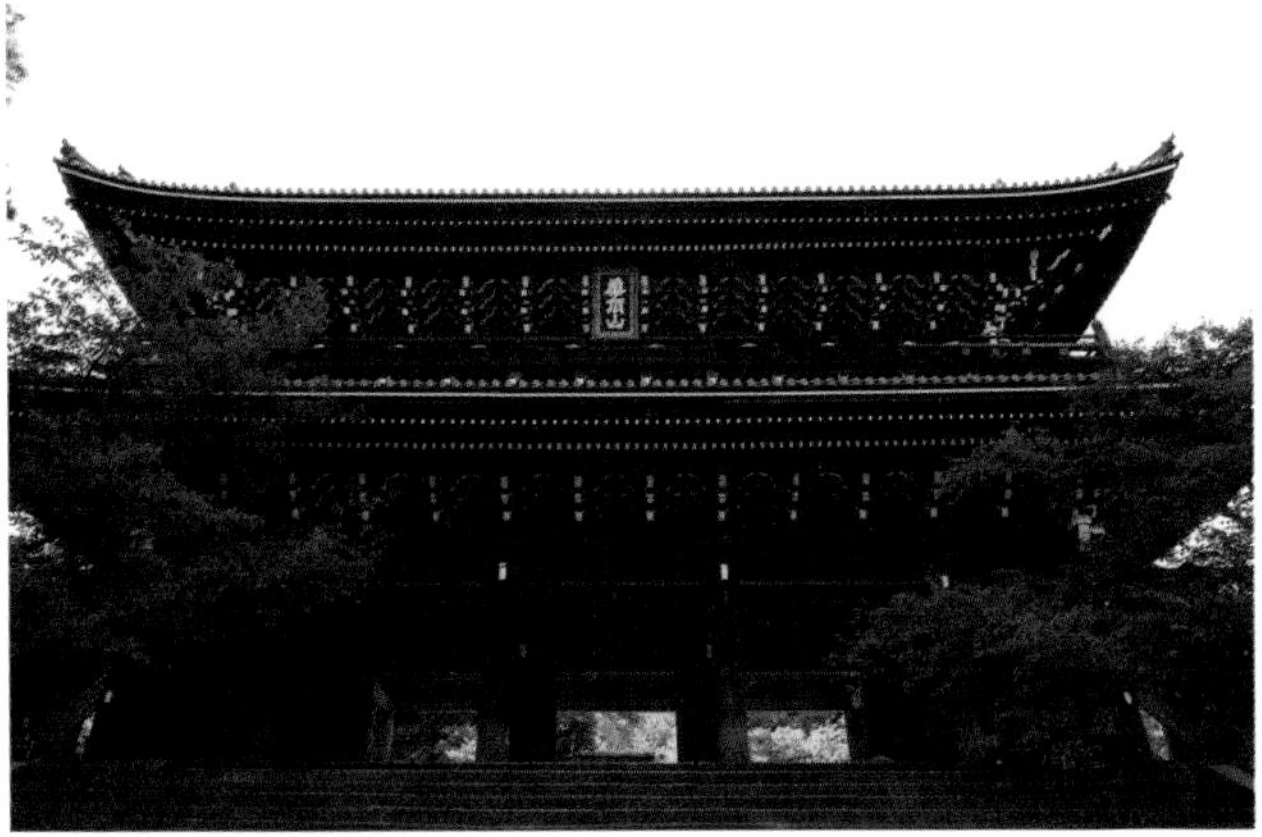

通常、寺院の門は「山門」と書くが、知恩院では「三門」と表記する。これは知恩院の門が、「空門《くうもん》」「無相門《むそうもん》」「無願門《むがんもん》」という三つの悟りに通じる門であるということを意味しているためだという。京都の三大門（他は南禅寺と仁和寺《にんなじ》など諸説あり）に数えられる門で、紅葉や雪景色、夜のライトアップなどで、様々な美しい姿を見ることができます。ぜひ四季折々に訪れてみてください。

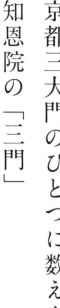

京都の町はどのような歴史を経てきたか

京都が「歴史ある町」であることは全国の小学生でも知っているでしょうが、どのような歴史を経てきたのかは、京都に住む大人でもあまり知らないのではないでしょうか。ただ、大まかな流れを知っていると、京都の町がより楽しめるので、ここではポイントを順に追って見ていきましょう。

最初のポイントは、平安京が作られたときです。「鳴くよウグイス平安京」とその年号を覚えるように794年に桓武天皇によって作られた平安京が、今の京都の町の土台になっています。碁盤の目の通り、一条通りから九条通りという横の通りの名、御所から見て左側を「右京」右側を「左京」ということなどは、この平安京の名残です。

この平安京の名残が、ところどころなくなったり、変更されたり付け足されている。これが当たり前でありながらも、意外と見落としがちなこと。平安京の時代は、今の千本通りに位置した「朱雀大路」がメインストリートでしたが、時代を経るにつれ、その中心は徐々に東に移っていった――。いろんなところに、こういった変化があるのです。

この平安京以降発展していった町が、1467年に始まり1477年まで続いた応仁の乱で荒れ果て

「西陣織」などの名で知られる西陣という地名は、応仁の乱において西軍の大将であった山名宗全が、この地に陣を置いたことに由来する。現在、山名宗全邸宅があった場所には石碑がある。一方、「東陣」に該当するのが、東軍の大将であった細川勝元が陣を置いた場所。その中心となる細川勝元邸を示すものとして上京区の小川児童公園に案内板がある。訪れてみると、本当に両軍の距離が近くて驚きますよ。

ることになります。本書でも取材した「千本釈迦堂」の本堂は、市街で唯一残る応仁の乱以前の木造建築物とされますが、このときほとんどの寺社や家々が燃えてしまった。また、たとえば仁和寺などは、この応仁の乱の以前は、今とはくらべものにならないほど広大な寺領を有していたといいますから、京都の町の様相が、大きく様変わりしたわけです。

この長い戦乱で荒れ果てた京都の町を整備したのが、豊臣秀吉です。まず「御土居《おどい》」と呼ばれる総延長22.5キロもの京都の町を囲う土塁を築きます。これは外敵に備えるためと、鴨川の洪水から市街地を守るためとされ、土塁の内側を「洛中」、外側を「洛外」と呼びました。今ではその跡がいくつか残るだけですが、「鞍馬口」や「荒神口」という地名は、この御土居の出入り口を示す名残とされます。

また碁盤の目の町では、通りに面しない中央部に無駄な土地が生じる。秀吉は、この中央部を貫くよう南北に新しい道を通し、土地の有効活用を促します。現在の京都の中心部が、縦長の長方形の区画になっているのは、この秀吉の政策の名残なのです。

秀吉は、このほか今の上京区に広大な邸宅「聚《じゅ》楽第《らくだい》」を建てたり、東山区に大仏を造ります。日本史を語るうえで欠かせない豊臣秀吉は、京都の町を語るうえでも欠かせない人物といえるでしょう。

次なる大きなポイントは、明治になって都が東京に移ったときです。1200年もの間、天皇が住まわれることで都であった京都でしたが、明治になりその都が東京になる。これは京都の人にとって衝撃的なことでした。それは気持ちの問題として悲しいというだけでなく、天皇家に関わる仕事をしていた人たちにとって、生活に直結する問題でもあったのです。事実、このとき天皇家に付き従うように、住まいを京都から東京に移した人も少なくありませんでした。御所も変わりました。今の京都の人にとって、御所といえば、「がらんとしたところ」といったイメージでしょうが、明治までの御所は、たくさんの宮家が建っていたの

秀吉が作った「御土居」は、現在、市内で９カ所確認できます。実際に見るとなかなかのスケールで、この事業規模の大きさを実感できます。御土居跡の情報はインターネット上にもありますので、ぜひ観光の折に立ち寄ってください。こういった町中にある史跡を見て回るのが京都観光の醍醐味ですよ。

です。この御所の宮家も、明治になると天皇に従い東京に移り住んだのです。

このような京都を元気づけようという動きが、この町を変えていきます。そのひとつが、新京極の造成。1872年(明治5年)に作られた通りで、一時は東京の浅草、大阪の千日前とともに三大盛り場に数えられるほどに賑わいました。また明治には「京都の三大事業」として「第二琵琶湖疎水の開削」「上水道整備」「道路拡張と電気鉄道施設」が行われます。

明治の京都には「都ではなくなったけど、京都はまだまだ終わらへん」というパワーがみなぎっていて、それがモダン、西洋化を町にうながしたような気がします。こういった熱気の延長線上に本書でも紹介した「東華菜館」や「レストラン菊水」「フランソア喫茶室」や「喫茶ソワレ」といった洋風文化を巧みに取り入れたお店は位置づけられるのではないでしょうか。

最後に太平洋戦争に際して行われた建物疎開も触れておきたいポイントです。「御池通り」や「堀川通り」が、他の道路に比べて道幅が広いのは、空襲で火事になったとき、延焼を防ぎとめるための防火帯として整備されたためです。当然のことながら、そこにはいくつもの家が建っていたわけですが、それらは「建物疎開」と称して、半ば強制移住させられているのです。また京都には、戦争の被害がなかったかのようによく言われますが、実際には、西陣や馬町などに空襲があり、京都市内でも少なくない死者が出ています。あの戦争時、京都の町にも大きな変化があったことは、覚えておきたいものです。

このように京都は、時代時代で変わってきた町です。「1200年の都」であっても細部に目を配れば「いろんな時代の名残」が見てとれる。そんな名残を見つけたとき「これはいつの時代のものか」と考えることは、この京都を知るための大切な一歩であるともに、京都を巡るうえでの大きな楽しみでもあると思うのです。

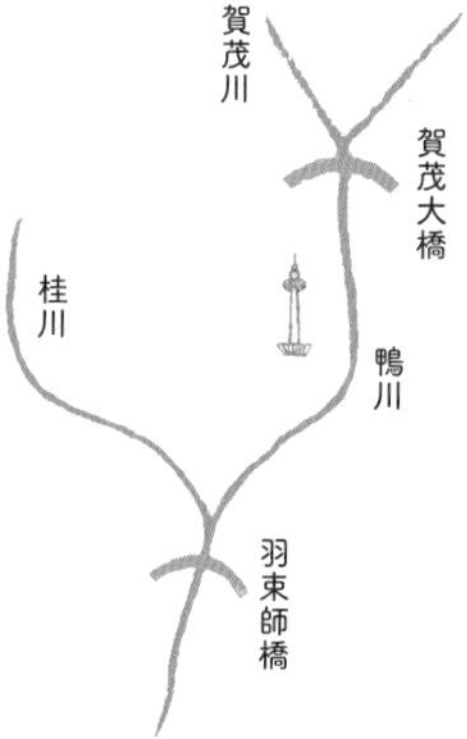

賀茂川

（高野川）
鴨川

高野川と合流した後が「鴨川」

高野川と合流する前が「賀茂川」

京都市内を流れる「かもがわ」は、出町柳《でまちやなぎ》駅付近の三角州で高野《たかの》川と合流するまでを「賀茂川」、そして合流してからを「鴨川」と表記するのが一般的。このような違いが生まれた背景には、この三角州、通称「鴨川デルタ」近くにある「上賀茂《かみがも》神社」と「下鴨《しもがも》神社」の存在が挙げられる。古来よりこの地域は賀茂氏と呼ばれる豪族がおり、この神社が上社と下社に分かれていた。そしてそれぞれを「上賀茂神社」「下鴨神社」としたので、これに倣い上賀茂神社に近い上流が「賀茂川」、下鴨神社に近い下流が「鴨川」となったとされている。なお鴨川は、伏見区の「羽束師橋《はづかしばし》」のところで、嵐山方面から流れてきた桂川に流れ込み、さらにその先で木津川、宇治川と合流して淀川となり、最終的には大阪湾に流れ込む。

昔は「糺《ただす》河原」と呼ばれていた「鴨川デルタ」

僕は1991年まで京都に住んでいましたが、当時、この三角州を示す「鴨川デルタ」ということばを聞いたことがありませんでした。いつからこう呼ばれたのか調べてみると1993年、ここに亀形などの飛び石が置かれた頃に学生が言い出したという説がある（でもはっきりとはわからない）と書かれた記事（『日本経済新聞』2019年7月25日付）を発見。同紙によれば、その昔この三角州は「糺《ただす》河《が》原《わら》」と呼ばれ、相撲などの興行が催されていたのだとか。名前は変われども、ここは今も昔も人が集うところなんですね。

岡部敬史の

水風呂のように 鴨川を味わう

京都に来た外国人が「京都らしいところが少なくてびっくりした」という感想をもらしているのを見たのですが「そりゃそうだな」と思うわけです。

京都の観光客は、「清水寺」とか「金閣寺」とか「花見小路」のようなものばかりをイメージして来るでしょうが、実際のところ大半は町ですよね。せっかくなので、これぞ京都という「ザ・京都」を求める気持ちもわかりますが、僕はもっとフツーの「京都」を見て回っても面白いし、楽しいのになと思います。

「ザ・京都」を象徴するのが清水寺や金閣寺であるならば、「京都」を象徴するのは鴨川ではないでしょうか。僕など、鴨川の風景を見ると「京都に帰ってきたなぁ」と、いつも思う。三条大橋から北を望み、先に見えるいくつかの橋。そして、その先に連なる山々。おぉ盆地！　これぞ京都という感じがするのです。

そこで、鴨川満喫プラン考えてみました。出発は七条大橋です。本書のなかでも紹介してい

左／鴨川満喫ツアーの出発点は、七条大橋から。橋の見事な造形を堪能してからスタートしよう。中／四条大橋から北を望む。川、橋、そして遠くに見える山々。これぞ京都って感じがします。 右／鴨川満喫プランの一応の終点が出町柳の「鴨川デルタ」。調べると七条大橋からおよそ５キロほどのようです。 下／二条大橋の北にある飛び石は、かつてあった夷川橋の跡を偲ばせるもの。みんな大胆にぴょんぴょん渡る。

ますが、この七条大橋というのは、明治時代の建築様式を今に伝える貴重なもの。川べりに降りてまずは橋をじっくり鑑賞しましょう。

　さてここからは、ひたすら鴨川に沿って北上するのみです。この鴨川プランは、基本、オール徒歩。鴨川べりとその周辺を歩き、疲れたら河川敷のベンチや、周辺の飲食店で休憩します。それでも疲れたら、鴨川沿いを走る京阪に乗ってもいいでしょう。もちろん寄り道はありなので、五条大橋まできたら清水寺まで足をのばしてもいいし、四条大橋まで行ったら八坂神社や建仁寺に行ってもいい。ゴールも特にありません。たくさん鴨川を感じたい人は、出町柳の「鴨川デルタ」を目指してもいいですが四条大橋や三条大橋で終着してもかまいません。周辺には、寄り道したくなるお店がたくさんありますからね。

四条大橋あたりで歩き疲れたら、名喫茶の「喫茶ソワレ」や「フランソア喫茶室」がありますし、お腹が空いたら京中華はどうでしょう。京都の中華は独特で、かつ大変美味しい。四条河原町近辺には、本書でご紹介している「東華菜館」をはじめ名店が多いので、ぜひ訪ねてください。京都の中華ガイドには、その名もずばり『京都の中華』（姜尚美・著／幻冬社文庫）という名著がありますので、こちらも参考になるかと思います。

早めのビールもいいですよ。四条大橋の近くには「ビアレストラン　ミュンヘン」という歴史あるビアホールがあります。もうちょっと足

鴨川デルタに着いたら、名物の「亀石」あたりで休憩しよう。足を水につけると気持ちいい。

を伸ばして新京極までいけば、昼飲みの聖地のひとつ「京極スタンド」があります。そしてちょっと酔ったら、また鴨川に戻ってきて、酔いを冷ますべくのんびりすごす。

そう。おすすめの鴨川満喫方法は、サウナと水風呂のような関係で、飲んでは鴨川、飲んでは鴨川を繰り返すこと。町の酒場がサウナならば、鴨川べりは熱気を冷ます水風呂。この繰り返しがとても気持ちいい。

左上／晴れた日は、夕焼けを待とう。取材時には、驚くほどに美しい夕焼けが見られました。 左下／鴨川の「川床」も、多様なお店で楽しめるようになっています。ぜひ一度体験してください。 右／美しい夜景と、鴨川に座るカップル。今回、撮影で長時間観察し鴨川の夜景の美しさを再確認しました。

ビールを飲んだら、次は日本酒といきましょう。祇園界隈や先斗《ぽんと》町には、素晴らしいお店がたくさんありますし、もっと庶民派ならば「たつみ」や「三木半」のある四条河原町の北西界隈もいいですよ。そして酔ったらまた鴨川なんですが、その前に「たぬき」はいかがでしょう。京都の「たぬき」は、生姜とねぎとお揚げの「あんかけうどん」ですが、これが酔い覚ましにとてもいい。熱々を食べてサウナのごとく汗をかいてください。祇園の「おかる」もいいし、三条まで歩いて「本家 田毎《たごと》」に行ってもいいですね。そしてまた鴨川で火照りを冷まして飲みにいく——。こんな感じで鴨川を中心に飲み歩く京都、楽しいですよ。

そうそう、カップルならば「京都のお約束」なので、鴨川の岸辺に並んで座りましょうね。隣のカップルと等間隔が京都ルールなので、そこのところお忘れなく。

川床
かわどこ

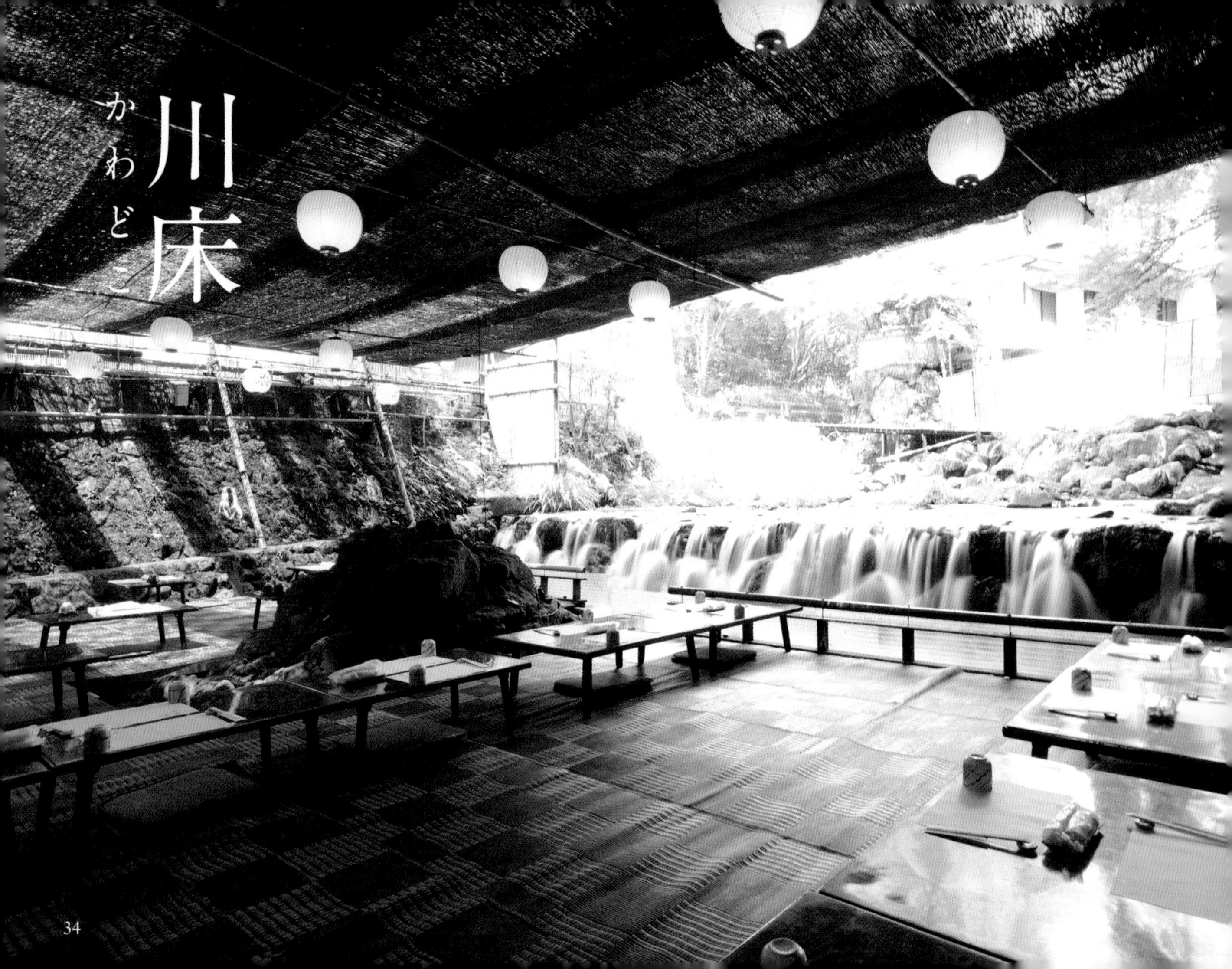

川床
かわゆか

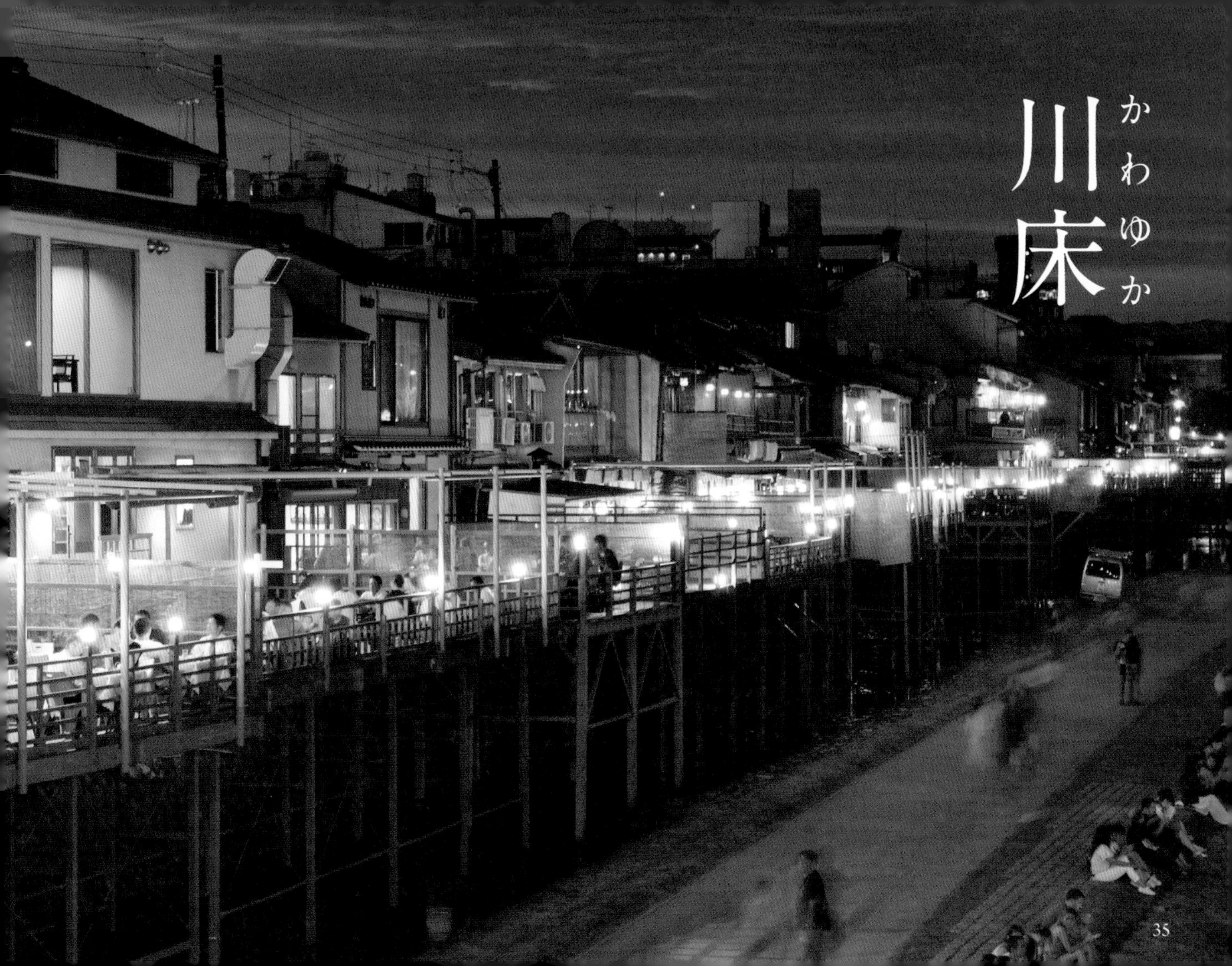

貴船にあるのが「川床《かわどこ》」

鴨川にあるのが「川床《かわゆか》」

京都の夏の風物詩といえば、川の上でお酒や食事を楽しむ「川床」。ただ、これを「かわどこ」と読むか、「かわゆか」と読むかで、その形態と場所が異なってくる。「かわどこ」といえば、川のすぐ上に「床《とこ》」を張ったもので、これは京都のなかでも「貴船」のものが名高い。一方「かわゆか」といえば、川の上に高い「床《ゆか》」を作り、その上に座敷を作ったもので、京都市内の中心部を流れる鴨川沿いに並ぶものを指す。鴨川で、納涼のために飲食をした歴史は桃山時代まで遡るが、今のような高床が鴨川の西岸に並ぶようになったのは、昭和10年（1935年）の鴨川大洪水の後のこと。このとき、護岸が整備されるとともに、鴨川の脇に「みそそぎ川」が整備され、今のような川床の形になった。一般的に「鴨川の川床」とされるが、厳密にいえば、鴨川の脇にある「みそそぎ川の川床」となる。

川床がとても美しい「貴船荘」

貴船の「かわどこ」の撮影にご協力いただいたのは京都市左京区貴船にある料理店「貴船荘」。貴船には数多くの川床の店が並ぶが、岩を巧みに配し流れ落ちる段差を間近に見ることができるこちらのお店は、ロケーションがとても美しいことで名高い。なお鴨川の「かわゆか」は「涼しそうに見えるけれど実は暑い」こともありますが、貴船の「かわどこ」は、北部の山中にあることもあり本当に涼しい。「かわどこ」と「かわゆか」の違いには、体感温度の差もありそうです。

黒木鳥居

三柱鳥居

野宮神社にあるのが「黒木鳥居」

木嶋神社にあるのが「三柱鳥居」

多様な神社がある京都では、個性的な鳥居を見ることができる。京都市右京区嵯峨にある「野宮神社《ののみやじんじゃ》」の鳥居は「黒木鳥居」と呼ばれるもの。これは木の樹皮がついたままの鳥居のことで、鳥居の形式としてはもっとも古いものとされる。「野宮」とは、その昔、天皇の代理で伊勢神宮にお仕えする「斎王」が、伊勢に行く前に身を清めたところ。そこを黒木鳥居と小柴垣で囲った場所が、今の「野宮神社」となっている。京都市右京区太秦にある「木嶋《このしま》神社」は、正式名称「木嶋《このしま》坐《にます》天照《あまてる》御《み》魂《たま》神社《じんじゃ》」で「蚕《かいこ》ノ《の》社《やしろ》」という名前でも親しまれている。創建年は不明で、平安京が作られる以前からあるという。この神社の本殿の左奥にあるのが「三柱鳥居」。上から見ると三角形をしているたいへん珍しいもので、なぜこのような形であるのかはわかっていない。神秘を感じる鳥居である。

見所たくさん「太秦」地域

蚕ノ社があるのが、京都市右京区の太秦《うずまさ》と呼ばれる地域。大陸からの渡来人である秦《はた》氏が拠点としたことが地名の由来とされ、秦氏の首長を葬ったとされる蛇塚古墳もある。全国的には「太秦映画村」で有名だが、国宝第一号の「弥勒菩薩」のある広隆寺など、多様な見所がたくさん。嵐山への道中、嵐電を途中下車して立ち寄るのがおすすめですよ。

狛いのしし

狛ねずみ

護王神社にあるのが「狛いのしし」

大豊神社にあるのが「狛ねずみ」

京都では「狛犬」ならぬ「狛いのしし」と「狛ねずみ」を見ることができる。「狛いのしし」で有名なのが、京都市上京区にある護王《ごおう》神社。奈良時代末から平安時代初期にかけて天皇に仕えた忠臣・和気清麻呂《わけのきよまろ》が祭神で、この和気清麻呂を「いのしし」が救ったという逸話から「狛いのしし」が置かれている。いのししに助けられた後、和気清麻呂の足の怪我が不思議と治ったことから、足腰の健康を願う人が参拝に訪れることでも名高い。「狛ねずみ」があるのが、京都市左京区にある大豊《おおとよ》神社。こちらの末社となる「大国社」の祭神である大国主命《おおくにぬしのみこと》を「ねずみ」が助けたことから、学問を意味する巻物を持ったねずみと、長寿を意味する水玉を持ったねずみが「狛ねずみ」として置かれている。

「いのしし」と「ねずみ」年には大人気

「狛いのしし」で名高い「護王神社」は、京都御所のちょうど西側に位置。境内には「狛いのしし」をはじめとする複数のいのしし像のほか『君が代』で歌われる立派な「さざれ石」もあります。「狛ねずみ」の「大豊神社」は、哲学の道から数分歩いたところ。同社にはこの他、治病健康長寿と金運恵受の「狛巳（へび）」。火難除の愛宕社と災難除の日吉社の祠があり、それぞれには「狛とび」と「狛さる」がいます。どちらも干支年には参拝客が急増するとのことで、我々が撮影に伺ったときは、翌年がねずみ年ということもあり「年賀状に使いたくて……」と狛ねずみを熱心に撮影する人がたくさんいました。

西寺

東寺

現存しているのが「東寺」

史跡だけなのが「西寺」

京都を代表する寺院の東寺《とうじ》は、平安京が作られたときから唯一残る寺院として名高い。この「東寺」には、平安京創建時には、対をなす「西寺《さいじ》」があった。その当時、東寺も西寺も、広大な敷地に五重の塔をもつ国営の寺院で、東寺は空海に、西寺は守《しゅ》敏《びん》に任されていた。ともに真言宗の僧侶であった2人はライバル心が強く、日照りの折に行われた雨乞い対決では、勝った空海に対して守敏が矢を放つも、これが地蔵菩薩に阻止されて信頼を失ったという逸話が残されている。東寺が長い歴史を経て今に残るのは、火災や経済的な困窮の折にも、空海の信望が厚く、寄進などの申し出が絶えなかったからと考えられている。なお「西寺」がかつてあった場所には、史跡表示柱が立っている。

西寺と東寺の中間点にある「羅城門遺址」

東寺と西寺のちょうど中央に位置したのが、平安京のメインストリートであった朱雀《すざく》大路の入口となる羅城門《らじょうもん》。現在は、公園内に小さな史跡表示柱を残すのみだが、東寺と西寺跡との間にあるその位置関係に、往時を偲ぶことができる。今回、初めて西寺跡に行きましたが、丘の上に立つ表示柱はとても美しく、これは一見の価値ありですよ。西寺跡、羅城門跡、東寺と見学すれば、一層、平安京の時代が身近に感じられるはず。ぜひ足を伸ばしてみてください。

坂本龍馬

角倉了以

高山彦九郎

京都三大銅像は「坂本龍馬」「角倉了以」「高山彦九郎」

円山公園の坂本龍馬像（隣は中岡慎太郎）、嵐山公園の角倉《すみのくら》了《りょう》以《い》像、そして三条大橋のたもとの高山彦九郎像が「京都三大銅像」とされている。出生地は高知だが、その最期を迎えるなど、何かと京都に縁のあったのが坂本龍馬（1836～1867）。龍馬の大きな功績である「薩長同盟締結」も、京都市上京区松之下町にあったとされる薩摩藩の家老・小松帯刀《たてわき》の仮住まいでなされている。角倉了以（1554～1614）は、京都北部・丹波地方からの輸送ルートとなる保津川の開削に成功した後、洛中と伏見を結んだ運河「高瀬川」を作って、京の発展に大きく寄与した人物。商人であるが、その銅像の姿は力強くたくましい。「京都の銅像」といって頭に思い浮かべる人がもっとも多いのが、三条大橋のたもとにある高山彦九郎（1747～1793）像であろう。全国に勤皇精神を説いて回った思想家で、三条大橋を渡る前、御所の方角に向かって礼拝したことからこのような姿になっている。

行き交った船が展示してある「高瀬川一之船入」

京都から伏見や大阪に船で荷物を送りたいならば、鴨川を使えばいいのでは？　そう思いますが、流れが安定しないため輸送には不向き。そこで安定した輸送のために角倉了以が作ったのが、高瀬川。鴨川からの水を引くため、そのすぐ西側を流れています。現在は、輸送に使われることはありませんが、木屋町通り二条を下ったところにある荷揚げ場「一之船入《いちのふないり》」に当時の船が飾ってあります。

町を歩きたくなる京都の本

好きな京都の本は、町を歩くのが楽しくなるものです。また京都の町を歩きたいな——。僕がそう感じた本をご紹介します。

まず『京都カフェ散歩』（川口葉子・著／祥伝社黄金文庫）。副題に「喫茶都市をめぐる」とあるのですが、そう、京都は喫茶店が多い町。それも歴史ある名店と新しい店が混在しているところが魅力です。京都を歩くとき、この本をカバンに忍ばせておき、何か目的を終えたときパラパラめくって近くのカフェを探す——。これが楽しい。僕にとって、偶然のように素敵なカフェに導いてくれる本です。

『ひとり飲む、京都』（太田和彦・著／新潮文庫）は、著者である太田和彦さんが、夏と冬の１週間ずつ京都に滞在して町の酒場を巡った記録です。その間、寺社などの観光はいっさいせず、お酒を飲むだけですよ。もったいない！　そんな声も聞こえてきそうですが、これが贅沢なのです。京都は、酒の酔いに身を任せて、ゆらゆら歩くだけでも楽しいんですよ。『夜は短し歩けよ乙女』（森見登美彦・著／角川文庫）でも、京の町を歩く酔っ払いの描写が楽しいものなぁ。

今回の本を作るうえで、とても参考になった一冊が『京都まちかど遺産めぐり』（千田稔 他・編

『マンガぼくらの京都』を刊行する淡交社は、京都市北区に本社がある出版社。『淡交』という茶道月刊誌を刊行するなど、茶道事業を幅広く手がける会社でもあります。同社発行の京都の出版物には個性的なものが多く、新たな京都を発見するうえで欠かせない存在です。

著／ナカニシヤ出版)。タイトルからもわかるように、京都の町に何気なくある不思議なものにスポットを当て、それを遺産と称し紹介した本。本書でも触れた「ラジオ塔」だけでなく、その昔、夏まで氷を貯蔵していた「氷室跡」や「朱雀大路の痕跡」など、一般の本ではあまり扱っていない「京都の遺産」をわかりやすく解説してくれます。京都の町散策を、なんだか宝探しに変えてくれるような一冊です。

『戦争のなかの京都』(中西宏次・著／岩波ジュニア新書)も、京都の町を歩く時の視点を変えてくれる本です。昔から「京都には戦争被害がなかった」といわれますが、実際には空襲もあり死者も出ています。この本を読むと、京都の町にもいろんな戦争の跡がある——。そんなことに気づかせてくれます。

最後に紹介したいのが『マンガぼくらの京都』(淡交社)。京都の出版社・淡交社が主催した「ぼくらの京都　マンガコンテスト」に投稿された作品から選ばれた7作を収録したものですが、鍾馗さん、町家、鴨川など、そのテーマ群がとてもいい。多様なマンガを読んでいると、京都の町を新たな目で探索したくなってワクワクします。そして何より京都を舞台にしたマンガを公募するという心意気にしびれました。

三条大橋

七条大橋

明治に造られたのが「七条大橋」

昭和に造られたのが「三条大橋」

鴨川は長い歴史のなかで数多くの氾濫を繰り返しており、鴨川に架かる橋のなかでもっとも広く知られる三条大橋も江戸時代だけで二十数回の洪水被害があったとされる。昭和になっても橋の被害は続き、とりわけ1935年（昭和10年）の記録的集中豪雨では、橋の一部が流出する大きな被害を受けた。現在の三条大橋は昭和25年に造られたもので、欄干部分のみ昭和49年に新調されている。東海道の終着点として名高く、橋の近くには高山彦九郎像や、弥次喜多像など、その歴史を物語る史跡も多い。現在、鴨川に架かる橋のなかでもっとも古いのは、明治に造られた（明治44年着工。大正2年に完成）七条大橋。我が国でも最初期の鉄筋コンクリート・アーチ橋であり、明治時代の建築様式を今に伝える貴重なものとして、2019年に国の登録有形文化財に指定されている。

小さな名所「一本橋」

その長さはおよそ12メートルと短く小さいものの、京都の名橋として知られるのが京都市東山区の白川に架かる「一本橋」。比叡山の「千日回峰行《せんにちかいほうぎょう》」という修行を終えた行者が京の町に入るとき最初に渡る橋とされ別名「行者橋」とも呼ばれる。映画やドラマの撮影の舞台にもよく使われ、我々が訪れたときは、着物姿の花婿・花嫁さんがこの細い橋の上で片足をあげるポーズで記念撮影をしていました。ひっそりとあるものの、他に類のない存在感のある橋。ぜひ渡ってみてください。

四条通り

六条通り

もっとも賑わうのが「四条通り」

もっとも静かなのが「六条通り」

平安京の造成時、その北側において東西に走る通りを「一条」とし、以下、南にいくにつれ「二条」「三条」とその数が増える形で「九条」まで作られた。当時は、どの通りも同じ幅であったが、時代を経るにつれて、それぞれ特徴を帯びてきた。現在、もっとも人通りが多いのが四条《しじょう》通り。とりわけ四条烏丸《からすま》と四条河原町の間は商業施設が建ち並び、歩道を歩くのも困難なほどだった。そこで2015年、歩道の拡幅工事が行われ、車道は片側一車線に減らされている。四条通りの東端には、八坂神社や祇園界隈もあり、観光客が絶えることのない道になっている。対照的に、とても静かな道が六条通り。他の数字付き道路にくらべて目立たないため「幻の六条通り」ともいわれるが、静かな生活道路として、住民に利用されている。

数々の言い伝えがある「一条戻り橋」

数字が付く通りのなかでも他にない特徴をもつのが「一条通り」。平安時代から、この通りは鬼の出没ルートだったとされ、妖怪にまつわる逸話が多い。また堀川にかかる「一条戻り橋」は、平安時代、ある葬列がこの橋を通った際に息子の僧侶が父を生き返らせたという伝説から名付けられている。「戻る」という名前から、太平洋戦争時には出征する兵士が「戻る」ようにと、この橋で出征の祝いをしたのだとか。また婚礼の車は花嫁が「戻る」ことがないようにこの橋を避けて通る――という話もあるそうです。

中二階

宿旅御

月屋

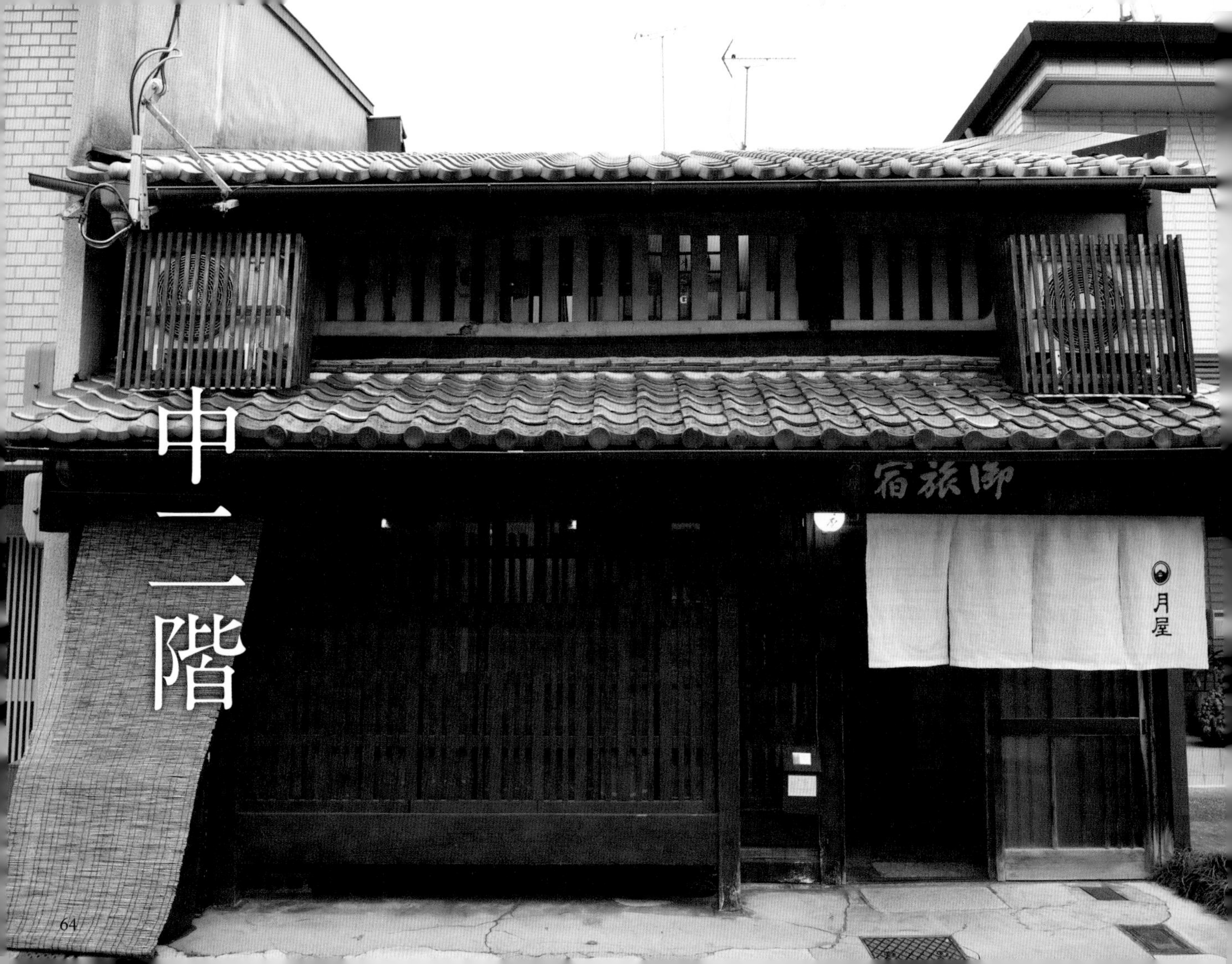

総二階

明治から昭和初期に多く建てられた町家が「総二階」

町家とは、もともと店舗や仕事場と住まいが一体化した建物のことを指すことば。現存する町屋は主に江戸期から昭和の初めに造られたものが多く、外見の特徴でその時代をおおよそ推し量ることができる。江戸期に多く建てられたのが「中二階」と呼ばれるもので、２階の天井が低く「虫《むし》籠《こ》窓《まど》」と呼ばれる目の細かい縦の格子の窓があるのが特徴。「厨子《つし》二階」とも呼ばれる。一方、明治末期から昭和初期にかけて造られていたのが「総二階」と呼ばれる２階部分が高い町家。なお中世の町家は平屋が多く、明治以降には稀に３階建てのものも作られている。

江戸時代に多く建てられた町家が「中二階」

町家を体験できる宿「月屋」と「糸屋」

「中二階」の撮影にご協力いただいたのは京都市下京区にある御旅宿「月屋」。すべて個室になっており中二階の部分も「朔《さく》」という素敵な部屋になっています。快適に町家生活を体験できる美しいお宿でした。一方、「総二階」の撮影にご協力いただいたのは京都市上京区にある京都西陣ゲストハウス「糸屋」。坪庭に面したサロンは共有スペースになっており、宿泊客同士のコミュニケーションも楽しめる宿。本好きなご主人も気さくな面白い方でした。京都では、こんな町家に泊まってみるのも楽しいですよ。

西京極

東京極

平安京の西端が「西京極」

平安京の東端が「東京極」

「西京極《にしきょうごく》」といえば、西京極陸上競技場や、阪急電車の駅が思い起こされる地名だが、この名前は、平安京の西端となる「西京極大路」が、このあたりを通っていたことに由来する。この「西京極大路」と対をなす「東京極《ひがしきょうごく》大路」があったとされるのが現在の「寺町通り」。平安京の東端であったこの東京極は、幅が32メートルもある道で大いに栄えたが、応仁の乱で荒れ果て街路のほとんどが失われた。これを再建したのが豊臣秀吉で、彼がここに80近い寺院を集めたことから「寺町通り」という名前が生まれた。現在でも、寺院や仏具関係の店舗が並び「寺町」の面影を残す。また、寺町通りは西洋菓子店や写真館が京都で初めてできたハイカラな一面もあり、今ではその数も少なくなったがパソコンショップや家電量販店が建ち並ぶ「電気街」として広く知られた時代もあった。

新京極の「たらたら坂」は、この地が河原だった名残り

寺町通りの一本東側にある「新京極」は、明治5年(1872年)、都が東京に移った際に京都を元気づけようと作られた通り。ちなみに三条通りから伸びる新京極はしばらく「たらたら坂」と呼ばれる坂になっているが、これはかつてこの場所が河原であったゆえ、その高低差から生まれたとされる。新京極や、その東に位置する河原町通りは、昔は文字通り「河原」だったのです。

八坂神社 西楼門

八坂神社 南楼門

実は正門なのが「南楼門」

実は正門ではないのが「西楼門」

神社や寺にある２階建て以上の門のことを「楼門《ろうもん》」と呼ぶが、「八坂神社」に参拝するとき、多くの人が四条通りと東大路通りに面した「西楼門」から入ることだろう。しかし門をくぐった後、その道は細く折れ曲り、本殿に参拝するにもぐるっと正面に回りこまねばならない。なぜこのようなことが起こるのかといえば、八坂神社の正門は「西楼門」ではなく南に面した「南楼門」であるためだ。四条通りから八坂神社に着いたならば、「西楼門」から入らずに東大路通りを少し南進して左折。ほどなく歩いたところにある石の大鳥居の奥に見える「南楼門」から入ろう。そうすれば正面に本殿があってスムーズに参拝できる。参拝が終われば、西楼門から出て祇園周辺を散策——これが八坂神社の正しい参拝順路となる。

「願掛けうさぎ」に願いごとを

本殿の南西にあるのが八坂神社の末社である「大国主社《おおくにぬししゃ》」。祭神の大国主命《おおくにぬしのみこと》は出雲の神様で、俗に「大黒さん」といわれる福の神で縁結びの神様とされています。こちらに奉納するのが写真の「願掛けうさぎ」。買い求めると、まずうさぎに名前を付けてそれをうさぎ本体に記す。そして紙に願いごとを書いてそれをうさぎの中に入れシールで封をし、同社の祈祷所にお供えして参拝します。うさぎに託す願いごとは、なんだか叶いそうな気がしますよ。

京都に来たならまず覚えたい「14本の道」

「まるたけえびすにおしおいけ♪」で始まる京都の道を覚えるわらべ歌があります。順に丸太町通り、竹屋町通り、夷川通り……のことを意味しているのですが、京都に住んでいる人でも、これらの道をすべて覚えているかといえば、怪しいもの。いろんな京都の本で紹介されていますが、丸太町より北がないし、けっこう細い道まで触れているので、これより先に覚える道があるとすれば——と考えたのが、これからご紹介する、南北7本、東西7本、合計14本の主要道路です。

京都は、平安京が「碁盤の目」に作られたときから、基本的に縦と横の道で構成されています。この14本の道から覚えていけば、自分のいる場所や目的地のおおよその場所が把握しやすくなるはず。また、バスの行き先表示を見ても、だいたいどこに行くのかわかるようになります。順に見ていきましょう。まず、南北に走る通りは西から順に以下の7本。

A 西大路通り　B 千本通り　C 堀川通り
D 烏丸通り　E 河原町通り　F 川端通り
G 東大路通り

AとGが「西大路」と「東大路」という名前からもわかるように、まず覚えるべき京都の両端は、この2つの通りだと思ってください。もちろん西大路の西にも、東大路の東にも町はありますが、まずこの南北ラインから把握していきましょう。この間を南北に走っている主要道路が西から順にＢからＦの通り。そしてほぼ中央に位置する烏丸通りの下に地下鉄南北線が走っているわけです。烏丸通りは御所の西側を、川端通りは鴨川の東側を通っていることも覚えておきましょう。千本通りは、三条通りから細くなり存在感も薄れるのですが、まあ細かいことは後々のこととして、主要な南北の通りと覚えてください。続いて東西に走る通りは北から順に以下の７本。

① 北大路通り　② 今出川通り　③ 丸太町通り
④ 御池通り　⑤ 四条通り　⑥ 五条通り
⑦ 七条通り

　こちらも①と⑦が、まず覚えるべき北と南のライン。北から順に一条通りから九条通りまで数字のつく名前の通りがありますが、まずは四条、五条、七条あたりから覚えましょう。四条通りは、京都でいちばん賑わう通り。七条通りは、京都駅

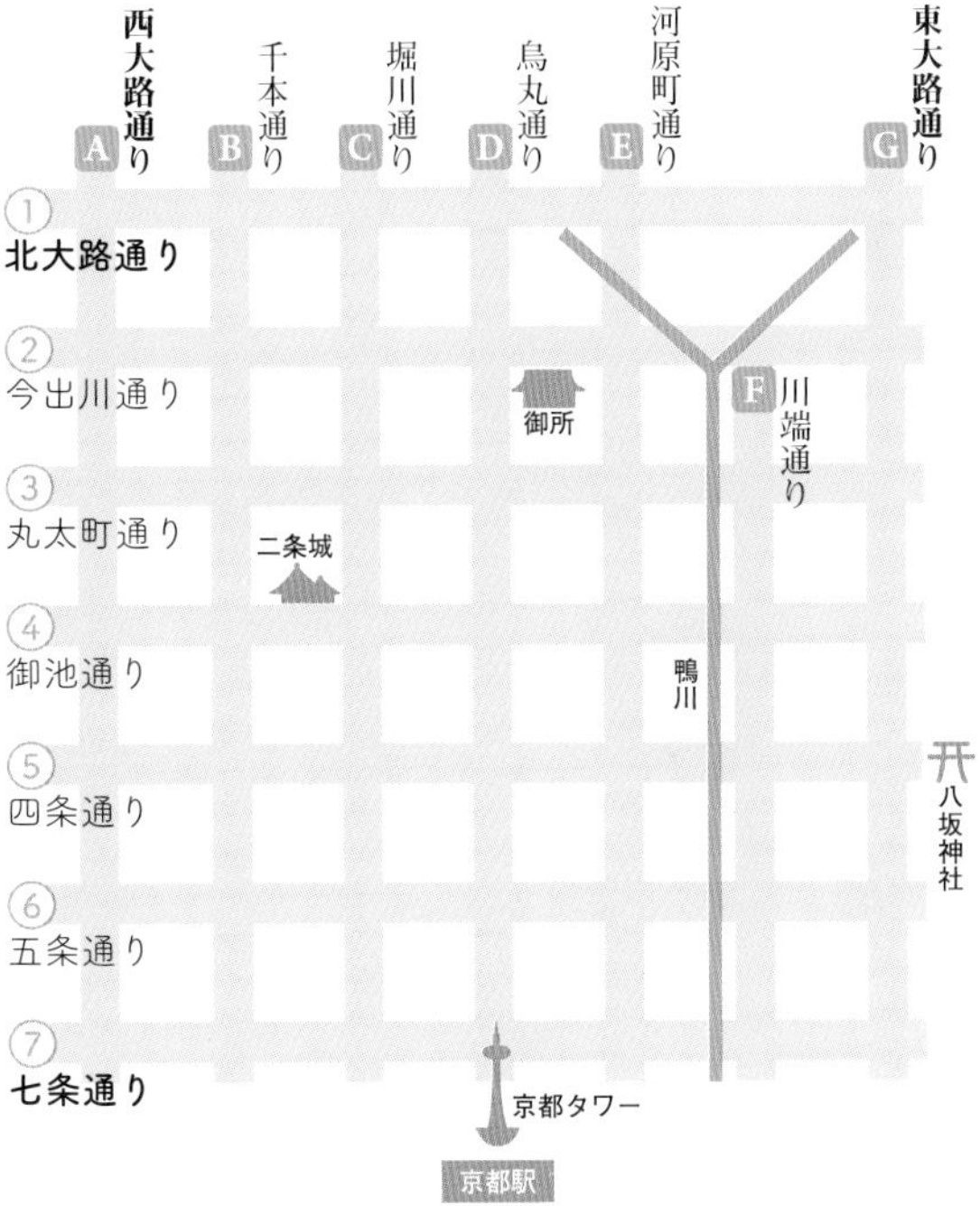

縦横14本の道を覚えやすくするためにデフォルメした地図です。実際には、すべての道がこんなにまっすぐではなかったり、幅がこれほど均等ではなかったりしますが、道を覚えるために簡略化してあることをご了承ください。

の北口からすぐの通りですね。三条通りも、三条大橋を通り古い洋館が建ち並ぶ大事な通りですが、道幅が狭くバスもあまり走らないので、その北側の御池通りから覚えましょう。この下に地下鉄の東西線が走っています。

そして基本的に、交差点は交わる道路の名前で示します。西大路通りと五条通りが交わっているところは「西大路五条」。烏丸通りと御池通りが交わっているところは「烏丸御池」。ただ、西大路通りと丸太町通りが交わるところは「円町」とか、今出川通りと東大路通りが交わるところは「百万遍」などと例外もあるので、これはもうそういうものだと徐々に覚えてください。あと東大路通りは、ところどころで旧名の「東山通り」が使われており、バス停などは「東山二条」とか「東山安井」などと表記されているので、これもそういうものだと徐々に慣れてください。

最後に移動する手段について少し触れておきますが、まず考えたいのは電車です。バスは市内を

夏場の撮影で活躍してくれた電動アシストのレンタサイクルとご機嫌の著者。京都は北に向かって上り坂で、普通の自転車だと疲れるのですが、電動アシストは本当に楽。心地よい自転車取材でした。

縦横無尽に走っていて、目当ての場所のすぐ近くまで連れて行ってくれますが、道が渋滞すれば時間もかかるし、バス停に時間通りに来てくれなくてイライラすることもしばしば。その点、電車は時間が正確なので、第一候補に考えたい交通手段です。乗る楽しさもある嵐電と叡電、地下鉄、鴨川の近くを走る京阪電車、四条通りの地下を走る阪急なども、うまく使えばとても便利です。あとは自転車。今回、この本の撮影は、ほとんど自転車で行いましたが、待ち時間もなくて実に快適。京都のレンタサイクル、おすすめですよ。

part.2

京都のくらべる

お店と食べ物。
提灯と乗り物

赤い提灯

白い提灯

女の子用に使われることが多いのが「赤い提灯」

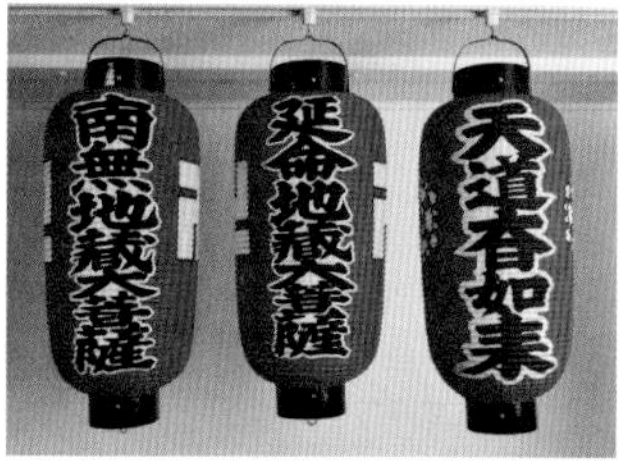

男の子用に使われることが多いのが「白い提灯」

京都の夏の伝統行事「地蔵盆」に欠かせない提灯には、赤と白（「幕柄」とも呼ばれる）の２種類がある。子どもが生まれると、この提灯の背面に名前を書いて地蔵盆に持って行くのだが「赤と白、どちらを使うんやろう」と疑問に思う人が多い。端的にいえば「特に決まりはない」のが答え。町内によって「うちは赤」「うちは白」と色を決めているところはそれに従い、とくに決まりがない場合は、女の子は赤、男の子は白にすることが近年多いという。また表に書かれる文字も「南無地蔵大菩薩」「延命地蔵大菩薩」「天道大日如来」と３種類ある。これはお地蔵さんの種類により異なるのだが、外見からそれを判断するのは難しく、その町内で今まで使われてきたものと同じものを選ぶのがいちばんわかりやすい方法だという。

浅草寺の大提灯も手がけた「高橋提灯」

撮影にご協力いただいたのは京都市下京区にある「高橋提灯」。享保15年（1730年）創業で、京都府より「京の老舗」の表彰も受けた歴史あるお店。東京の浅草にある「浅草寺」の大提灯も手がけるなど、注文に応じ様々な提灯を自社の工場で作っておられます。地蔵盆といえば、京都の子どもにとって夏の最大の楽しみ。こんな楽しいものが、東京など他府県ではほとんど行われていないと知ったときは、大いに驚いたものでした。今回の取材でも、お地蔵さんに化粧をされるものがあるなど、僕も知らない発見がたくさんありました。地蔵盆については、京都人も知らないことがまだありそうで興味が尽きません。

山出高士の

早起きとお地蔵さんのススメ

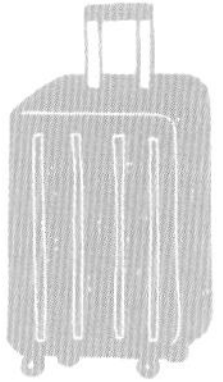

　何度か旅行雑誌の取材で京都には来ていたが、取材先をさらりと見て帰るだけのことが多かった。今回の『くらべる京都』の取材旅行では、今まで以上に京都をよく見てまわれ「こんな所もあるのか！」という発見もあった。もう一度自分が京都を旅するなら――を考えてみた。

　まず宿は四条烏丸がいい。ど真ん中だ。ネットを通じて京都のホテルを検索してみるとホテルのランク、人気での価格差はあるが、市内における地域の差はさほど感じなかった。ならば交通の便が良く、飲食店も多い四条烏丸がいい。

　観光客の多い京都だからこそ、早起きをお勧めしたい。例えば11月下旬、朝6時にホテルを出て、まだ暗く、夜の喧騒の余韻を感じる四条通りを大宮駅まで歩き嵐電に乗る。30分ほど揺られ嵐山で下車。渡月橋に向かえば、ちょうど日の出が嵐山の紅葉を照らし始めるのが見られる。夏ならば鴨川を目指そう。四条大橋で朝日

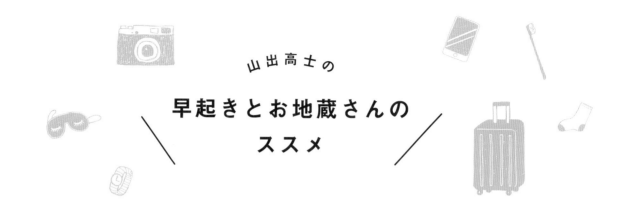

を浴びたあと、八坂神社まで散策したい。まだ人影まばらな静かな境内を堪能できるはずだ。

昼を飛ばして夜の話をしたい。四条烏丸から四条河原町界隈には素晴らしい飲食店が多い。本書で紹介した「東華菜館」や「京都酒蔵館」、夏には「川床」も楽しめる。先斗町に行けば京都らしい小料理屋もたくさんあるが、お勧めしたいのは四条河原町にある居酒屋「たつみ」。ここには寄っておきたい。初めて行った時は「京都にもこんなところがあるのか！」と驚いた。コの時カウンターに立って張り付き、斜に構えて酒を飲む。壁には黄色の短冊メニューがずらりと並び「ずいき酢の物」「京野菜の天ぷら」と京都らしいものから「お造り」に「自家製キムチ」まで、そのラインナップは幅広い。京都の方の普段使いを体験でき、少し遠かった京都がグイッと近づくお店だ。「たつみ」からもほど近い「四富会館」は小さな飲み屋の集合体で、昭和建築が京都らしからぬ佇まいで大変素敵。早朝散歩と普段使いの居酒屋巡りで、京都の人に

早起きをすれば、あの「渡月橋」をほぼ独り占めにできる。訪れた11月下旬、凛とした清々しい空気の先に、比叡山の勇姿を近くに感じることもできた。

四条富小路の「四富会館」と西院の「折鶴会館」、四条大宮「新宿会館」は個人的に気になる「京都の三大会館」。小さな飲み屋が集合する京都のディープ酒場スポットでおすすめです。「新宿会館」近くの飲み屋街「寛遊園」も素敵でした。思い切ってお店のドアを押し開けたい。

なったフリをして町を楽しむのも悪くない。

さて昼は何をしよう。京都に来ておいて、寺も庭園も神社も見ずに帰るほどの勇気はないが、それだけでも少し物足りない。そんな方に京都を楽しむプラスワンを紹介したい。それはお地蔵さんだ。京都の町を歩いていると「祠」を多く見かける。大小様々で大きな一軒家もあれば建物の一角を借りたものまで、どれもきれいに掃除され、とても大事にされていることがうかがえる。木の格子越しに覗き込むとお地蔵さんがいらっしゃる。このお地蔵さんがどれも個性的で面白いのだ。地蔵には見えず石の様だったり、目鼻がくっきり刻み込まれた凛々しいお顔だったり、何より化粧をしたものが物凄くお

あちこちにあるお地蔵さんの「祠」を見て回るのがとても楽しい。お化粧直しは、８月下旬の地蔵盆の前に行われるという。京都の夏の恒例行事・地蔵盆は未体験。お地蔵さんが祠から出るらしいのでぜひ見たい！

かし楽しい！　ほんのり紅を差したり、白粉を塗るにとどまらず、絵具を使い化粧を通り越して「絵」だったりする。数年前にキリストの壁画を素人が勝手に修復して、えらい事になった海外のニュースがあったが、それを彷彿させるものもある。「マツコデラックスに寄せてるでしょ！」ってものもある。

大通りを避け路地から路地へ。祠を見つけては、お地蔵さんを覗き込む、写真に収めるには、大きなレンズの一眼レフより、格子を避けて撮れる小さなレンズのスマホカメラが有効だ。お地蔵さんの写真収集に夢中になって、行く予定だったお寺に辿り着けなくても、まぁいいか。居酒屋でも行こうよ。

あんかけうどん

たぬきうどん

あんかけうどんに油揚げとネギを入れたのが「たぬきうどん」

生姜だけを具材とするのが「あんかけうどん」

京都らしいうどんとしてオススメしたいのが「たぬきうどん」。東京で「たぬき」といえば、揚げ玉が入った「そば」や「うどん」のことだが、京都では油揚げが入った「きつねうどん」の「あんかけ」バージョンを指す。「あん」の形状である「ドロッ」と、きつねがたぬきに化ける「ドロン」の音をかけたことが名前の由来とされる。この京都のたぬきうどんから、油揚げとネギを抜いたものが「あんかけうどん」。出汁で溶いたあんと、生姜だけで味わうシンプルなものだが、このシンプルさが好きという愛好者も少なくない。なお京都の「あんかけ」うどんといえば「けいらん」と「のっぺい」もある。前者は、卵とじうどんをあんかけにしたもの。後者は、しっぽくうどん（五目うどん）をあんかけにしたものである。

出前も大人気の「おかる」

撮影にご協力いただいたのは京都市東山区にある「おかる」。祇園に店を構えるこちらでは出前の需要もとても多く、冬でもなかなか冷めない「あんかけ」や「たぬき」の注文がとても多いそうです。個人的に好きなたぬきうどんの食べどきは、一次会と二次会の間。ビールをたくさん飲んだ一次会のあとにたぬきを食べると、大量の汗とともにアルコールが抜けて二次会でも楽しくお酒が飲めるのです。ぜひお試しください。

先斗町

上七軒

京都五花街

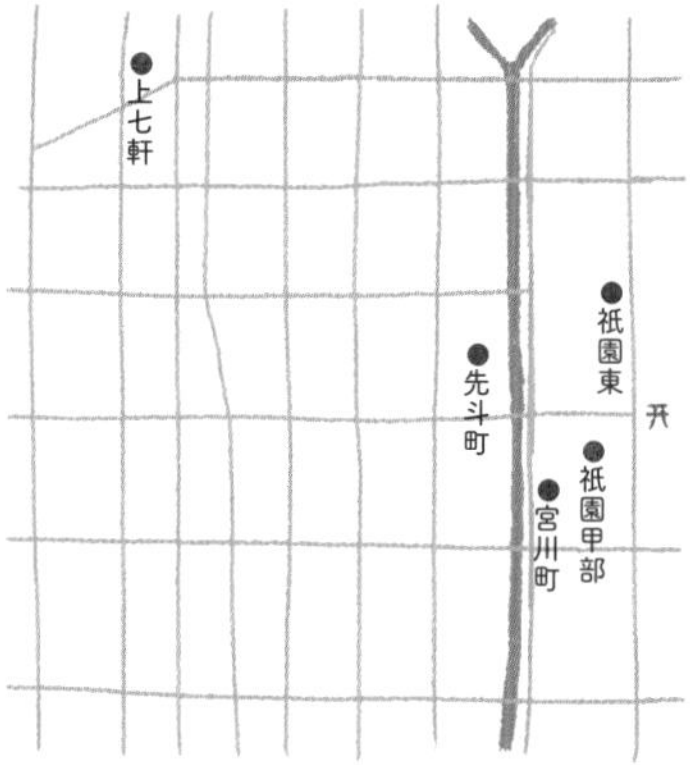

宮川町

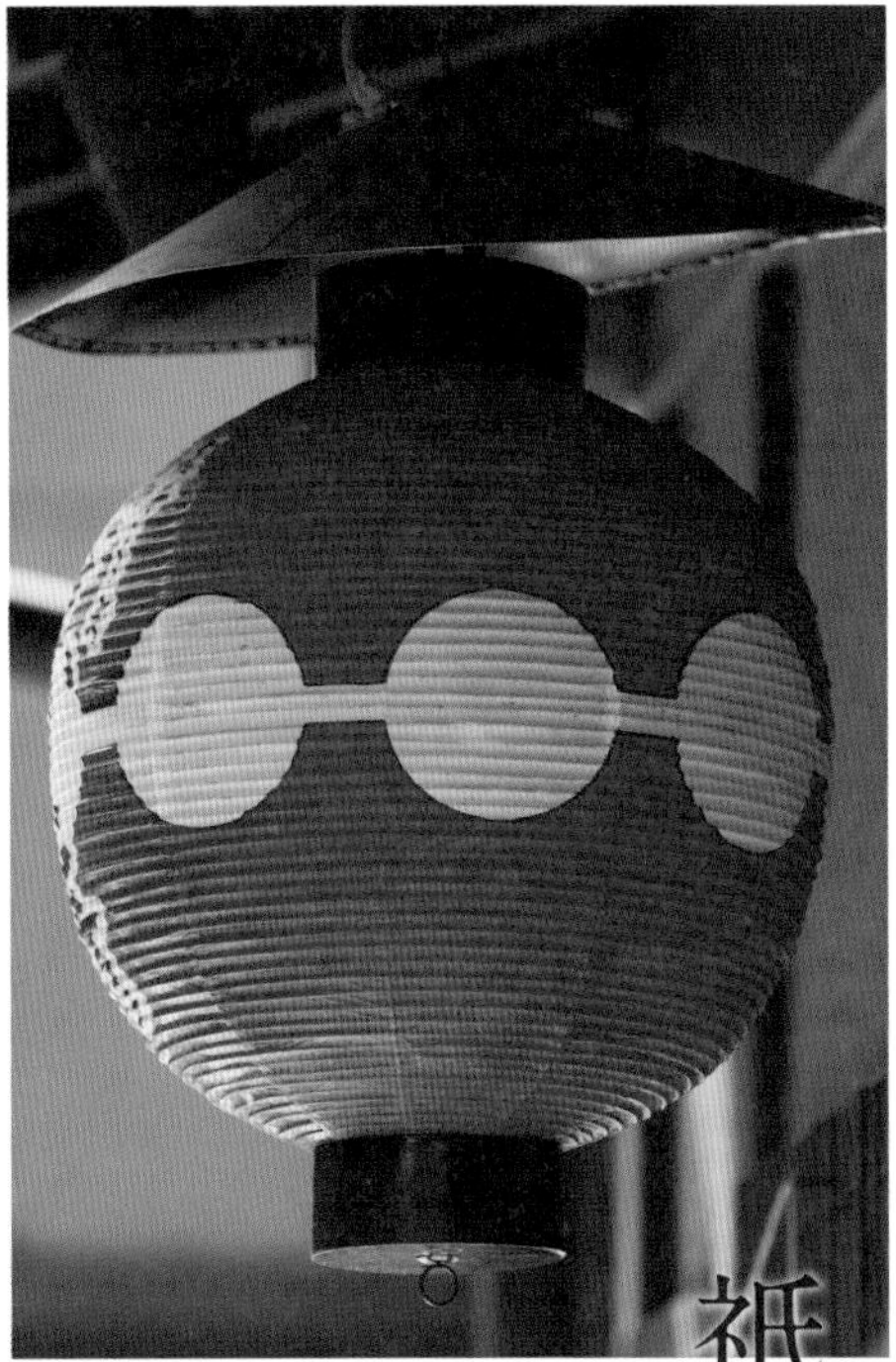
祇園甲部

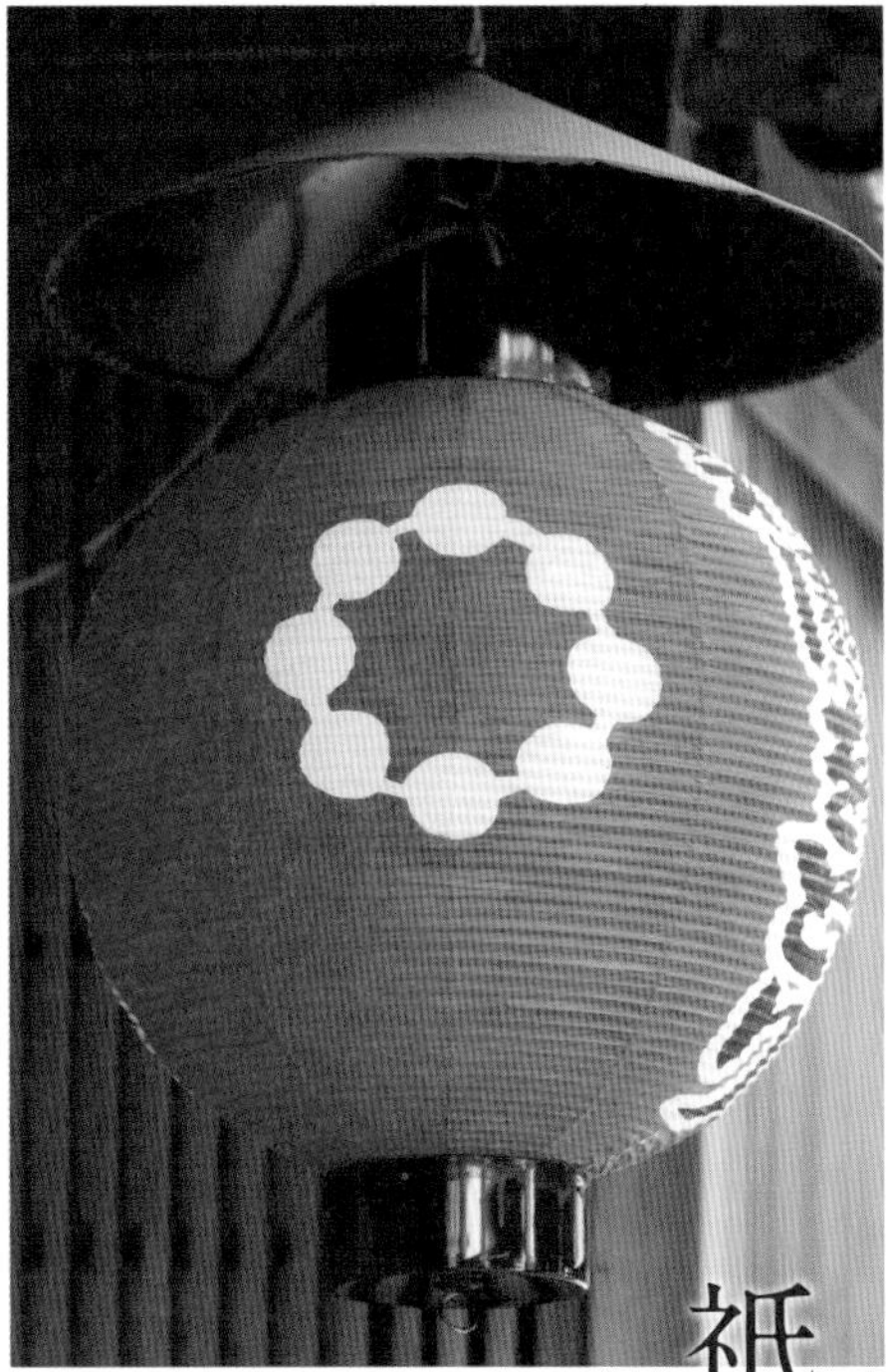
祇園東

「五花街」の提灯の文様は すべて異なる

京都には、舞妓や芸妓が芸を披露する「お茶屋」が集まる「花街《かがい》」が全部で５つある。「上七軒」は、北野天満宮の東側に位置する花街。室町時代に北野天満宮の社殿が一部消失した折、それを修繕したときの残りの木材で七軒の茶屋を建てたことが始まりとされる。「先斗町《ぽんとちょう》」は、鴨川の西岸、三条通りと四条通りの間にある花街。「宮川《みやがわ》町《ちょう》」は、鴨川の東岸、四条通りと五条通りの間に位置する。お茶屋の数が多く、観光客で賑わう花見小路があるのが、八坂神社の南西部に位置する祇園甲部。この祇園甲部から分かれる形でひとつの花街となったのが「祇園東」で、八坂神社の北東部にある。

これら５つの花街を「五花街《ごかがい》」と呼ぶが、それぞれ掲げられている提灯の文様が異なっているのが面白い。上七軒は「五つ団子」と呼ばれるもので、豊臣秀吉に献上した「みたらし団子」がモチーフとされ、この「五つ団子」が２つ描かれ全部で10個の団子がある。鴨川によく飛来するという千鳥をデザインしたとされるのが先斗町。宮川町は、３つの輪をデザインしたもの。祇園甲部は「つなぎ団子」と呼ばれるもので、上七軒と似ているが団子の数と配色が異なる。団子が円形に配されているのが祇園東である。

舞妓さんがいるところは、すべて「祇園」と思われがちだが、５つの花街があって、その提灯の文様も異なる。こんな違いを知っていることで、ちょっとした散策も楽しくなるものだ。

喫茶ソワレ

フランソア喫茶室

画家・フランソア・ミレーから名付けられたのが「フランソア喫茶室」

画家・東郷青児がコースターを描いているのが「喫茶ソワレ」

京都には「並び称される名店」がいくつかあるが、この「喫茶ソワレ」と「フランソア喫茶室」もそのひとつだろう。ともに四条河原町界隈にあり、ともに絵画が飾られた名喫茶として広く愛好されている。「喫茶ソワレ」は、1948年（昭和23年）創業で、店のコースターやコーヒーカップの絵は画家・東郷青児が描いたもの。同店の創業者が同氏の絵を飾っていたところ本人が来店し、以降、この店のために何点もの美人画を描いてくれたという。「フランソア喫茶室」は、1934年（昭和9年）創業。店名は画家のフランソア・ミレーから名付けられたもので、店内に飾られた名画や窓のステンドグラス、高い天井、美しいウェイトレスの衣装など、すべてが特別な空間を巧みに演出している。2003年には、喫茶店として初めて国の登録有形文化財に指定された。

美しい青と赤のコントラストも印象的

今回撮影に伺って印象的だったのが、喫茶ソワレの店内の青とフランソア喫茶室のビロードの椅子の赤でした。このコントラストも美しい両店は、ともに京都市下京区にあり、歩いても1分ほどの距離にあります。喫茶ソワレのゼリーポンチやフランソア喫茶室のケーキなど、名物を味わいながら、素敵な空間で特別な時間を過ごしてみてください。

衣笠丼

木の葉丼

油揚げとネギを卵でとじたのが「衣笠丼」

蒲鉾とネギを卵でとじたのが「木の葉丼」

京都には、他県ではあまり見られない独特の丼ものがあるが、その代表格が衣笠丼と木の葉丼。衣笠丼は、出汁で煮た油揚げとネギを卵でとじてご飯に乗せたもの。この見た目が、金閣寺の近くにある衣笠山に似ているからというのが名前の由来だという説がある。平安時代、宇多天皇が、夏に雪を見たいとこの山に白絹をかけたことから「きぬかけ山」と呼ばれ、そこからさらに「衣笠山」になったという。一方、木の葉丼は、薄く切った蒲鉾とネギを卵でとじたものをご飯に乗せたもので、蒲鉾を木の葉に見立てたことが名前の由来とされる。なお木の葉丼は、お店によって椎茸や三つ葉が加えられることがある。

蕎麦屋として300年の歴史がある「本家尾張屋」

撮影にご協力いただいた京都市中京区にある「本家尾張屋」は、1465年（寛正６年）に菓子屋として創業。その後に始めた蕎麦屋でも300年ほどの歴史をもつお店。供してくださった衣笠丼と木の葉丼は、どちらも卵の心地よいふわふわ感と、ネギの爽やかな味わいがとても印象的でした。ご家庭で京都らしい丼を再現するならば、京都の「九条ネギ」は欠かせないでしょうね。関東の丼といえば天丼や鰻丼が思い出されますが、京都の丼は衣笠丼や親子丼など、やはり卵が主役ですね。

京のメロンパン

サンライズ

ラグビーボールの形が「京のメロンパン」

太陽の形が「サンライズ」

京都では、全国的に「メロンパン」とされるものとは、ちょっと違うものが「京のメロンパン」とされている。それが写真のラグビーボールのような形をしたパンで、中には和菓子を連想させる白あんが入っているのが特徴。これは昭和30年代に、京都のパン組合が「京都のメロンパンはこういう形でいこう」と、組合に加盟しているパン屋に型を配布して作り始めたもの。それゆえその当時からパン屋を営むところでは、このラグビーボール型が「メロンパン」として販売されている。一方、全国的に「メロンパン」とされているのは、太陽の形を連想するため「サンライズ」と名づけられている。

創業百周年を迎えた「大正製パン所」

撮影にご協力いただいたのは京都市上京区にある「大正製パン所」。同店では「サンライズ」を「サンライス」と濁らず表記しているが、これは「当時の主人が濁音を嫌ったからでしょうねぇ」というのが理由とのこと。このメロンパンのほか、カレーパンやクリームパンなどが人気商品の同店は、大正８年（1919年）に創業し、地域に長く愛され2019年にめでたく100周年を迎えられました。末長く続いて欲しいお店です。

黒七味

御香煎

白湯に浮かべて香りを楽しむ飲み物が「御香煎」

京都土産の定番のひとつ「黒七味」は、元禄16年（1703年）に祇園で創業した原了郭の看板商品。独特の色と風味で幅広い支持を集めているが、これは10代目当主が「新商品」にと開発したものだ。原了郭が創業時から製造販売しているのが「香煎《こうせん》」で、これは、白湯に浮かべて香りを楽しむ飲み物である。香煎には種類があり、なかでも「御香煎」は、漢方薬の原料を粉末にし、焼き塩で味を付けたもの。江戸時代から「ぎおん名物」として知られ、「御香煎所」として宮家や茶人、文人などに広く愛された。現在は、料亭や茶席の初めに出される飲み物として広く使われている。

うどんや蕎麦などにかけて食べるのが「黒七味」

赤穂四十七士の一子が創業した「原了郭」

「原了郭」の創業者は、赤穂四十七士のひとりである「原惣右衛門元辰」の一子・原儀左衛門道喜。父から香煎の製法を教わった彼が剃髪して「了郭」と号したのが、現在の店名の由来となっている。本店は、京都市東山区の祇園町、八坂神社にほど近いところ。写真は、取材対応をしてくださった同じく東山区、三条京阪の駅から近い「Ryokaku」。今回、初めて香煎を味わいましたが、なるほど昔の人たちはこういったものを楽しんでいたのかと歴史を感じました。京都土産に「黒七味」と「御香煎」をセットで手渡してみてはいかがでしょう。

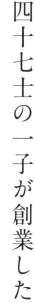

こってり

あっさり

鶏ガラベースの懐かしいスープが「あっさり」

京都を代表するラーメンチェーンといえば「天下一品」。同店のラーメンといえば、濃厚なスープの「こってり」が広く知られているが「あっさり」も用意されている。天下一品が誕生したときは「こってり」のみだったが、女性や子どもにも食べやすいようにと後から生まれたもので、「こってり」とはまったく別に作られた鶏ガラベースのスープである。なお「こってり」は、しばしば「豚骨スープ」と思われるが、鶏ガラと十数種類の野菜などがベースとなっている。

個性的な唯一無二のスープが「こってり」

「聖地巡り」と称して修学旅行生も訪れる「天下一品総本店」

撮影にご協力いただいたのは京都市左京区にある「天下一品 総本店」。京都では、「本店」は特別視されており、この天下一品にも「聖地巡り」と称して修学旅行生がやってくることも珍しくないという。かくいう僕も、学生時分「本店行こう！」という友達に連れられて深夜に何度かこちらにお邪魔して、その後、近所にあった北白川バッティングセンター（通称「北バチ」。2011年に閉店）で遊んだものでした。基本的にはどの店でも同じ味で提供できるようになっているとはいえ、やはり本店で食べる天下一品は美味しかったです。

ニンマリしてしまう「なんとなく京都っぽい」もの

「鬼門除け」をご存知ですか？

北東は鬼が出入りする方角ゆえ、この角を窪ませなくしたり、植え込みにしたり、四角で囲んで玉砂利を置いたりする。普通の家だけでなく、ビルや駐車場でも見ることができ、その形態も様々。北東の反対側の南西を「裏鬼門」として、こちらに施しているところもありますね。この「鬼門除け」の存在を知ってから、町を歩くとつい探すようになったのですが、見つけるとなんだかニンマリしてしまう。京都だけの風習というわけではないですが、やはり京都で見かけることが多く、僕のなかでなんとなく京都っぽい。こういう京都っぽくってニンマリしてしまうものが、いくつかあります。

たとえば「４」のない駐車場。４が死を連想させるからと忌避する風習は、いまではあまり見かけなくなりましたが、京都の駐車場でときおり見かけ、僕のなかではけっこう京都っぽい。

行列しないバス停も京都っぽいですね。東京のバス停では、一列に並ぶのが日常の光景。一方、京都では「次どこ行きのバスが来るかわからへんし」と、並ばないですよね。バスが来たら、それに乗りたい人がわらわらと集まる。これがけっこう京都っぽくって、なんかちょっと面白い。その

京都でついつい探してしまう鬼門除けと石の滑り台。あと盆地はやはり京都っぽいと思わせるもので、甲府など他地域の盆地に行っても「京都っぽいな」と思うのでした。

昔は、初詣でも並んでいなかった気がするのですが、今では東京のように並んでいますよね。遠くから賽銭を投げるおじさんとか、もういないのでしょうか。

石の滑り台は、めっちゃ京都っぽいです。京都の児童公園って、少しずつ変わっているとはいえ、まだまだ石の滑り台とブランコとシーソーの３点セットが健在。東京では、複合型のジャングルジムなどもけっこう多いですが、京都は少し出遅れている印象ですね。石の滑り台を見るたび「京都だなぁ」と思いますが、このあたりもうちょっと税金投入して整備してはどうでしょうか。

ノーベル賞に対するテンションも、僕が感じる京都っぽいもののひとつです。「京都の人はぎょうさんノーベル賞を取ったはる」というのは、けっこう京都人の誇りで、京都出身者や、京都の大学の人がノーベル賞を取ったときの地元報道の浮かれた感じが面白い。

2002年に田中耕一さんがノーベル化学賞を取ったときなど、京都の人が取っただけでも誇らしいのに、田中さんが島津製作所に務める現役サラリーマンだったことでより誇らしく「いつも嵐電の一番前に乗ってはるんやって」といったプチ情報も、みんなが知るほどに加熱していました。

あとは京都の名居酒屋「たつみ」で飲む「ハイリキ」という酎ハイや、とろっとしたたこ焼き、山椒がきいた七味、ミルクが入ったコーヒーなんかも京都っぽいな。そんな京都っぽいものが愛しく感じるのは、やはり今、東京に住んでいるからでしょうか。故郷はやはり「遠きにありて思ふもの」なのかもしれません。

東華菜館

レストラン菊水

四条大橋の北東側にあるのが「レストラン菊水」

四条大橋の南西側にあるのが「東華菜館」

四条大橋のたもとには、見事な洋館の料理店が2軒ある。橋の南西側に位置するのが、中華料理店「東華菜館」。大正15年（1926年）竣工の建物を設計したのは、日本各地に優れた学校や教会建築を残したウィリアム・メレル・ヴォーリズ。2階にある個室にはヴォーリズが設計した家具が今でも使われているなど内部にも見所が多い。一方、橋の北東に位置するのが、「レストラン菊水」。創業社長は「ハイカラな西洋館でおいしい西洋料理を食べてもらいたい」という熱意から、西洋料理と西洋建造物の見聞を広めてオープンさせた。1996年に国登録文化財に指定された建物は機能面でもたいへん優れており、竣工から90年以上経った現在も現役で活躍している。

鴨川の夕焼けも堪能できる「川床」と「ビアガーデン」

今回、夏の京都撮影の折に、鴨川にてご覧のような美しい夕焼けを見ることができました。赤く染まった京都の町並み、遠くに見える山々、そして鴨川。こんな美しい夕焼けに出会えるスポットとしてもオススメしたいのが、両店の夏の風物詩といえる「東華菜館の川床」と「レストラン菊水のビアガーデン」。京都の夏を満喫できる特別な場所ですよ。

夏のおばんざい

冬のおばんざい

聖護院大根や壬生菜を使ったのが「冬のおばんざい」

「おばんざい」とは、京都における日常の「おかず」を意味することば。江戸後期から関西で奉公人などが食べる質素な食として「番菜」ということばが使われていたという。京都の人が日常的に口にすることばではなかったが、昭和30年代の終わりに京都の食文化を表すことばとして新聞のコラムで使われてから全国的に広まり「おばんざい」を掲げる店も数多くなった。調味料の味ではなく、出汁をよくきかせた味付けが特徴。四季折々の野菜を用い、夏には賀茂茄子や万願寺とうがらしが、冬には聖護院《しょうごいん》大根や壬生菜《みぶな》を用いた料理が親しまれている。

賀茂茄子や万願寺とうがらしを使ったのが「夏のおばんざい」

大皿に盛られたおばんざいは見ても楽しい「わらじ亭」

撮影にご協力いただいたのは京都市中京区にある「京のおばんざい　わらじ亭」。今回、夏の取材と冬の取材で２度伺いましたが、カウンターにある数々の大皿を見て「これが美味しそう」と注文するのがもう楽しい。そしてお味ももちろん美味しい。とりわけ寒い時期にだけ出すという「おから」が絶品でした。店の味は、今の女将さんのお母様から引き継いでいるものだとか。京都の食文化を知りながら、我が家に帰ったかのようにくつろげる名店。天国ですよ。

北中部の日本酒

聚楽第
LIMITED EDITION
神蔵
KAGURA
純米酒
福知
三萬二千石
特別純米酒
純米吟醸
清酒
久美の浦
清酒
伊根満開
赤米酒

南部の日本酒

純米吟醸
京都神聖
京都・神聖
純米酒
山廃仕込
純米酒
富翁
TOMIO
Since1657
伝匠
月桂冠
純米酒
蒼空
金鶏正宗
山田錦
KANNUKI
門
京都伏見ノ地酒
純米

総じて柔らかいのが「南部の日本酒」

様々な個性が際立つのが「北中部の日本酒」

兵庫の灘《なだ》と京都の伏見は、古くから日本酒の名産地とされ、その味わいは「灘の男酒、伏見の女酒」と評されてきた。灘の酒は淡麗であるのに対して、伏見の酒は総じて柔らかくまろやか。そんな特徴から、灘の酒は江戸で、伏見の酒は京都で愛好されてきたという歴史がある。京都南部の酒といえば、一部に城陽地域もあるものの総じて伏見の酒であるが、北中部の酒といえば、一括りにすることはできず各地に個性的な酒蔵がある。向井酒造は京都の北部・与謝郡伊根町にあり、女性杜氏が古代米を使って個性的な「伊根満開」という日本酒を造っている。京丹後市久美浜町にある木下酒造は、イギリス人の杜氏が「玉川」という熟成も楽しめる日本酒を造り注目を集めている。

京都の30種類の日本酒が飲みくらべできる「京都酒蔵館」

撮影にご協力いただいたのは京都市下京区にある「京都酒蔵館《さかぐらかん》」。「京都のお酒といえば、伏見が全国的に有名ですが、北部にもいいお酒がたくさんある。そんな京都の日本酒の魅力を伝えたくてオープンしました」というのは店主の羅久井さん。同店では「北中部の日本酒」「南部の日本酒」をそれぞれ15種類ずつ、合計30種類の日本酒を飲みくらべセットで味わうことができる。「これは城陽のお酒」「こちらは福知山」「こちらは宮津」などという説明を聞くと、京都の多様な地域に関心を抱くことができるのがとても効果的な京都PRだなと感じました。日本酒から知る京都。なかなかいいですよ。

本家 根元かざりや

一文字屋
和輔

参道の北側にあるのが「一文字屋和輔」

参道の南側にあるのが「本家 根元かざりや」

参道を挟む形で営業する「二軒茶屋」の形態を現在に伝える大変貴重なお店が、北区の今宮神社の参道にある。それが、「京都でどちらにするか迷うもの」としてその名を挙げる人も多い「あぶり餅のお店」で、南側にあるのが「本家 根元かざりや」（以下「かざりや」）、北側にあるのが「一文字屋和輔」（以下「一和」）である。あぶり餅は、一口ほどの大きさの餅を竹串に刺し、これを備長炭で炙って白味噌のたれを付けたもので、どちらもお茶がついて500円。ではどちらが美味しいかといえば、これが甲乙つけがたく、個人的には一和のほうがより香ばしく、かざりやのほうがタレのすっきりとした味わいが際立つ……という印象。どちらを選ぶのか迷うので、両方の店に立ち寄ってもいいし、ふたたび訪れたとき、前回とは異なる店に立ち寄ることを楽しみにしてもいいだろう。

屋根の上の違い 「お多福さん」と「鍾馗さん」

「かざりや」と「一和」では、あぶり餅を食べるだけでなく、餅を炙るところを見学したり、美しい日本家屋に目をやるのも楽しいもの。細部まで見ていけば、「かざりや」の屋根上にあるのは「お多福さん」で、一和の屋根上にあるのは「鍾馗さん」という違いにも気付くはず。神社の参道ってこんなに楽しいのかと思わせてくれる両店でした。

三つ葉のタクシー

四つ葉のタクシー

4台しかないのが「四つ葉のタクシー」

およそ1300台あるのが「三つ葉のタクシー」

京都を代表するタクシー会社・ヤサカタクシーは、「安全・快適・信頼」を意味する三つ葉のクローバーがシンボルマーク。それゆえ、およそ1300台あるというタクシーの社名表示灯には、この三つ葉がデザインされている。しかし、わずか4台だけ四つ葉マークの「幸せを運ぶタクシー」が存在する。このタクシーは《昨夜の雨で濡れた葉が三つ葉にくっついていて、四つ葉になっていました。乗ったその日から幸運な出来事が続いています。ぜひ「四つ葉のクローバー号」を走らせてください》という乗客からの投書がきっかけで生まれたという。口コミでこの四つ葉タクシーの存在が伝わり、今では広く知られることとなった。なお、混乱を避けるために四つ葉タクシーは駅などで乗客待ちはせず、常に京都市内を流して走っているという。

乗車記念にもらえる「カード」と「シール」

四つ葉のタクシーに乗車すると、乗務員から記念にカードとシールをもらえる。「お客様の反応は様々です。気づいていない方や、とても喜ばれる方。『そんな幸運のタクシーならこのまま宝くじ売り場に行ってくれ』と言われる方もけっこういますよ」。そう教えてくださったのは、四つ葉タクシーを長年運転しているという三井春男さん。四つ葉タクシーは、やはり特別なものなので、サービスに定評のある乗務員など、選ばれた人だけが乗務できるそうです。

嵐電

叡電

鞍馬・比叡山に向かう電車が「叡電」

嵐山に向かう電車が「嵐電」

京都には、地元民の足として愛されながら、観光客が途絶えないかわいい電車が２つある。ひとつは、四条大宮と北野白梅町の２つの起点から、嵐山へと結ぶ「京福電気鉄道嵐山線」、通称「嵐電《らんでん》」である。通常は１両編成で、観光シーズンの混雑期には２両編成になる路面電車で、途中駅には、太秦《うずまさ》映画村や広隆寺、仁和寺、妙心寺などの名所が点在する。桜の季節には、鳴滝《なるたき》駅から宇多野駅の間、両側にソメイヨシノが咲く「桜のトンネル」でも名高い。もうひとつは、出町柳と鞍馬・比叡山を結ぶ「叡山電車」、通称「叡電《えいでん》」である。こちらも１両または２両編成で、途中駅の「一乗寺」には個性派書店や有名ラーメン店が並び、また「京都精華大前」には比叡山の借景が見事な圓通寺などがある。嵐電は「桜のトンネル」だが、叡電は「もみじのトンネル」で有名。市原駅から二ノ瀬駅のあいだおよそ250メートルがたくさんのもみじに囲まれ、初夏は「青もみじ」、秋は「紅葉」に車内が包まれる。

日本屈指の難読駅名電車

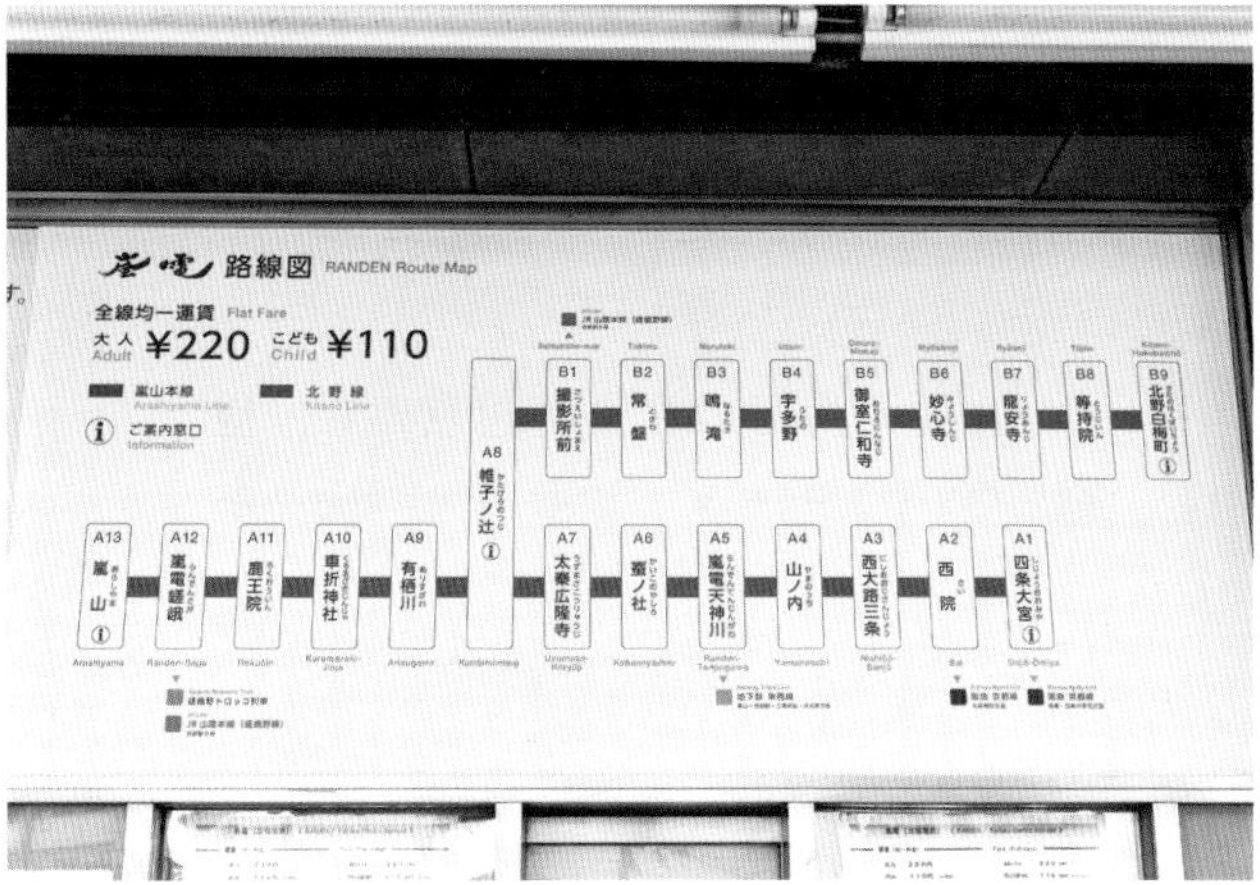

嵐電は「日本屈指の難読駅名電車」と呼ばれているのをご存知ですか。上に路線図の写真を掲載しましたが「帷子ノ辻《かたびらのつじ》」「車折《くるまざき》神社《じんじゃ》」「太秦広隆寺《うずまさこうりゅうじ》」などは、初見では読めないのではないでしょうか。実は今回、阪急の「西院」は「さいいん」と読むのに、嵐電の「西院」は「さい」と読むことを初めて知りました。京都には知らないことがまだまだたくさんあります。

京都「これ何？」クイズ

取材の途上で「不思議なもの」「名前が難しいもの」を撮影してきました。
写真を見て、これが何かわかりますか？
答えはめくった次のページにあります。

Q.1
他府県では
「シメサバ」。
京都では？

Q.2

屋根の上で
よく
見ますよね。

Q.3

地面にある
この穴。
何に使う？

Q.4

玄関に貼って
あるの見ますよね。
名前わかる？

Q.5

これは橘児童公園のもの。
円山公園や
船岡山公園にもあります。

A

問1の答／きずし。京都の居酒屋の品書きを見て「これ何？」と思う筆頭が、こちら。「お寿司？」と思うでしょうが、その正体はシメサバのこと。写真は「京のおばんざい わらじ亭」さんのものです。

問2の答／鍾馗《しょうき》さん。もともとは中国で鬼を退治したという英雄で、邪気を払う魔除けとして京都の家の屋根によく据えられています。僕はこれを探すのが大好きなんですが、どうも「あそこも鍾馗さんつけはったからうちも」的な心理が働くのか、ご近所で密集してあるような気がしています。

問3の答／祇園祭に使う山鉾《やまぼこ》を建てる穴。四条烏《しじょうからす》丸《ま》周辺で見かけます。

問4の答／角大師《つのだいし》。比叡山の高僧であった元三大《がんざんだい》師《し》が、鬼の姿になって疫病神を退散した姿を写しとったもの。魔除けの護符として、家の入口に貼られています。

問5の答／ラジオ塔。ラジオがまだ家庭に普及していない時代、この中に収めた受信機からラジオ体操やスポーツ実況放送を流していました。いかにも京都らしい造形ですが、全国的に設置されたもの。京都では上京区の橘児童公園や円山公園など数カ所で見ることができます。

part.3

京都とくらべる

橋とタワーと風景と

嵐山

嵐山渓谷

京都にあるのが「嵐山《あらしやま》」

埼玉にあるのが「嵐山《らんざん》」

埼玉県北西部にある「嵐山《らんざん》渓谷」は、日本初の林学者として知られる本多《ほんだ》静六《せいろく》（1866～1952）がこの地の紅葉を見たとき「京都の嵐山に似ている」と言ったことが、その起こりとされている。その後、同地には料理旅館「松月楼」が建てられたこともあり観光客で賑わいをみせ、戦前の最盛期には年間100万人ほどの人が訪れたという。太平洋戦争時の「松月楼」は学童疎開の受け入れを行い、戦後は「一平荘」と名前を変え、昭和30年代まで営業している。「嵐山《らんざん》」という名前は、後に同地の町名にもなっている。

たしかに嵐山っぽい場所でした

本書制作の動機のひとつが、この嵐山渓谷と嵐山のつながりを知ったことでした。これはなんとしても紅葉シーズンに行って見くらべねばなるまいと、意気込んで撮影を決行。「どこからの眺めが嵐山に似ていると決まった場所はない」とのことなので、探索した結果、冠水橋から曲がりくねった川添いに進んだ先に見える山々が嵐山っぽいと結論づけました。京都の嵐山でいえば、渡月橋を渡って川沿いに少し西に進んだところと似ています。本多静六博士といえば、明治神宮の森を作ったことでも知られる偉大な先生。さすがの慧眼です。写真は「松月楼」の跡地に建つ展望台と「嵐山町名発祥之地」を示す碑。嵐山渓谷は、見所がぎゅっと詰まった里山といった感じで歩いて楽しいところでした。

鴨川

加茂川

京都市内を流れるのが「鴨川」

鴨川市内を流れるのが「加茂川」

千葉県の鴨川市は、当地を流れる川が京都の鴨川に似ていることがその名前の由来とされている。鴨川市の歴史を綴った『鴨川沿革史』にも《平塚村より前原町、貝渚村まで五里の間を貫流している川は京都の加茂川に似ていると云うので加茂川と称した》と、この事実を裏付ける記載がある。さて、ここで不思議なのは、なぜ「鴨川市」なのに流れている川の名前は「加茂川」なのか――。これは明治22年(1889年)に行われた町村合併のおり「『町』も含めて3文字が望ましい」という国からの要請があったとされ「加茂」を「鴨」に変更したため。ちなみに京都では「鴨川」と「賀茂川」の表記がメインだが、「加茂川」の表記もあったので、この地では「加茂川」とされたのであろう。同じ千葉県の沿岸部にある「勝浦市」も和歌山県の那智勝浦の名前に由来する――という説もあり、その昔、関西方面から船に乗って、千葉の沿岸部に移り住んだ人が、かなりいたと推測されている。

どこからの眺めが鴨川に似ているのだろうか？

さて、京都人として気になるのは「本当に鴨川市の加茂川は京都市の鴨川に似ているのか？」という点。郷土資料館の方にお聞きしても「具体的にどこからの眺めが似ているという話はありません」とのことなので、当地を方々見て回りましたが、前ページに掲載した河口部から上流を望む風景がいちばん似ていました。遠くに山々があり、上流に橋が見えるところが鴨川っぽいんですよね。というわけで、鴨川市の鴨川っぽいところは河口部という今回の調査結果でした。

京都タワー

東海大学湘南キャンパス1号館

山田守が設計し昭和38年に完成したのが「湘南キャンパス1号館」

京都駅の北口に建つ「京都タワー」は、昭和39年（1964年）、東海道新幹線が開通した年に完成した。設計したのは、曲線を巧みに使ったモダニズム建築で知られる建築家の山田守（1894～1966）。オープン当初は「古都・京都」のイメージにそぐわないと、少なくない批判にさらされたが、今ではすっかり京都のシンボルとして定着した感がある。この山田守が設計し、京都タワーの前年に完成しているのが、東海大学湘南キャンパスの1号館。見くらべてみればわかるが、その姿はどこか京都タワーを連想させるものがある。東海大学の創立者である松前重義（1901～1991）と古くからの盟友であった縁から、同大学湘南キャンパスの敷地選定から関わり、初期の校舎や建物を設計。その多くが、今でも使われている。

山田守が設計し昭和39年に完成したのが「京都タワー」

《山田「守」ではなく「攻める」だ》と評された建築家

京都タワーのほか東京の日本武道館、そして東海大学湘南キャンパス（神奈川県平塚市）の多くの建物などを設計した山田守は、敢えて時代を先取りしたデザインに挑戦したため批判されることも少なくなかった。そのため《「山田守」ではなく「攻める」だ》と評されることもあったという。東海大学湘南キャンパスでは、いくつかの山田守作品を見学してきましたので、その模様は次ページからのコラムでご覧ください。独特の味がある山田守の建築物、実に見応えがあり面白いのです。

京都タワーと日本武道館は同じ人が作った

～ 東海大学湘南キャンパス探訪記 ～

京都タワーと日本武道館は同じ人が作った。

このことを知ったとき、少なからず驚きました。

どちらも馴染みのある建物で、どちらもユニークな形をしているなとは思っていましたが、まさか同じ人が設計していたとは。

ただ、そう言われてみれば似ているのです。設計した山田守は「曲線を巧みに使った建築家」と評されますが、たしかにどちらも丸っこい。こんな気づきを友達の建築家に話したところ「東海大学の湘南キャンパス（神奈川県平塚市）も面白いよ」と教えてもらいました。なんでも山田守が手がけた校舎がたくさんあって、それも京都タワーにどこか似ているのだとか。

そこで取材を申し込んで見学に行ったのですが、まず東京ドームのおよそ12個分というその敷地の広大さに驚かされます。その広いキャンパス内を車で移動していくと、目の前に大きな噴水が現れます。これが山田守から寄贈されたという通称「山田噴水」。当初は消防法にかなった防火設備で50メートルの高さまで水が吹き上がったんだとか。

さて、この噴水の向こうに見えるのが、今回のお目当て1号館です。

東京都千代田区北の丸公園にある「日本武道館」。山田守が設計し1964年に完成。同年に行われた東京オリンピックの柔道競技場に使われた。現在、改装工事中のためこの写真は日本武道館さんからお借りしました。© 公益財団法人日本武道館

１号館は、この湘南キャンパスで最初にできた校舎で、この学校のシンボルともいえる建物。赤い鉄塔とその台座部分の曲線が特徴的で、なんだか京都タワーと東京タワーを足したようにも見えます。この校舎は、正面から見ていると気づきませんが、全体がＹの形をしている。そんなことを、取材の合間、見せていただいた石膏模型で知りました。

手前の噴水は山田守が寄贈し当初は防火機能を持っていた「山田噴水」。噴水の奥に見えるのは東海大学の創立者「松前重義」の銅像。その奥が1963年竣工の1号館。

この石膏模型は、平面でデザインしたものを立体にして、建設に移る前の検討に用いる大切なもの。今では、コンピュータソフトで代用されるためほとんど作られることはなくなりましたが、とてもリアルで存在感があります。

この石膏模型を見てもっとも驚くのが、３号館に京都タワーそっくりのタワーが乗っていることです。京都タワーができたとき、批判的な声も

1号館の石膏模型。このY字型は山田守建築の代表作とされ、1953年に竣工した「東京厚生年金病院」で初めて用いられた。模型からわかるように構想段階では5階建てだったが、工期や費用の面から実際には4階建てとなった。

3号館の石膏模型。京都タワーに似たタワーが印象的だが実際には作られず、後世には通信用のアンテナが立てられた。屋上は駐車場にする構想があったという。

上がったとされますが、山田守ご本人は、このタワーがかなり気に入っていたのでしょう。残念ながら3号館の完成前に山田守が他界したこともあって、このタワーは作られませんでしたが、タワーが建つ予定だった円筒形の部分は、実際に見ればやはりとてもユニークな形をしています。円筒に沿うように作られた螺旋のスロープは、車が通れるようにしてあり、当初は、屋上に駐車場を作ろうとしたというのですから、その発想にも驚かされます。

この3号館の隣にあるオレンジ屋根の2号館も個性的で、なんだか「神戸ポートアイランド博覧会」のパビリオンのよう。少し離れたところにある武道館は、京都の「三十三間堂」のような形をしていました。

このように東海大学湘南キャンパス内の山田守

3号館。やはり目を引くのは、手前にある円筒形の構造物。屋上に駐車場を作る計画があったためか、竣工時には、車が通行できる幅がもたせてあった。左手奥に見えるオレンジ色の屋根が2号館。

武道館は山田守の没後、1966年に竣工。1964年に竣工した東京の「日本武道館」の経験が、この湘南キャンパスの武道館にも生かされているという。純日本様式で京都の「三十三間堂」を思わせる。

建築を見て回ったのですが、ひとりの建築家にフォーカスしていろんな建物を見ることをとても楽しく感じました。

また、山田守が活躍した時代を少し懐かしくも思いました。新国立競技場では一度決まった案が覆るなど、なにかと「世間が認めるデザイン」を求める風潮に昨今ありますが、みんなが納得するものって、後世に語り継がれるパワーがないのでは——とも感じた次第です。

京都タワーと日本武道館をつなぐ「山田守」という人のことを知り、思いも寄らず東海大学湘南キャンパスまで見学に行った今回の取材を経て、見慣れた京都タワーを見る目が大きく変わりました。語り尽くされたように感じる京都のことも、もっと広い視野で見れば、いろんな発見があり、違った楽しみ方ができそうです。

京都の祇園

千葉の祇園

バス停があるのが「京都の祇園」

電車の駅があるのが「千葉の祇園」

京都の花街《かがい》の名前として全国に知られた「祇園」という地名は、この地にある「八坂神社」が、その昔「祇園社」と称していたことに由来する。ちなみに京都の最大の祭りである「祇園祭」も、この八坂神社の祭礼である。さてこの「祇園」という地名、八坂神社の周辺だけかと思いきや、実は千葉県にもあることをご存知だろうか。それが千葉県木更津市祇園で、当地には、JR東日本の久留里線の「祇園駅」もある。この地名が存在するのは、単なる偶然の一致ではなく、平安時代、この地に祇園社を勧請《かんじょう》（神社の分身・分霊を他の地に移して祭ること）した祇園須賀神社ができたことがその由来とされている。

祇園という地名の由来となる「祇園須賀神社」

「千葉県に祇園がある」という情報を頼りに撮影に行ってみたわけですが、電車の駅が想像以上に素朴で美しく、一目でとても気入りました。その名前の由来となった「祇園須賀神社」は、17世紀後半に建てられたもので、江戸前期の神社建築様式を忠実に伝えるものとして千葉県の指定文化財になっているそうです。電車が止まる祇園。京都人の心をつかむ魅惑のスポットです。

渡月橋 <ruby>と<rt></rt></ruby><ruby>げっきょう<rt></rt></ruby>

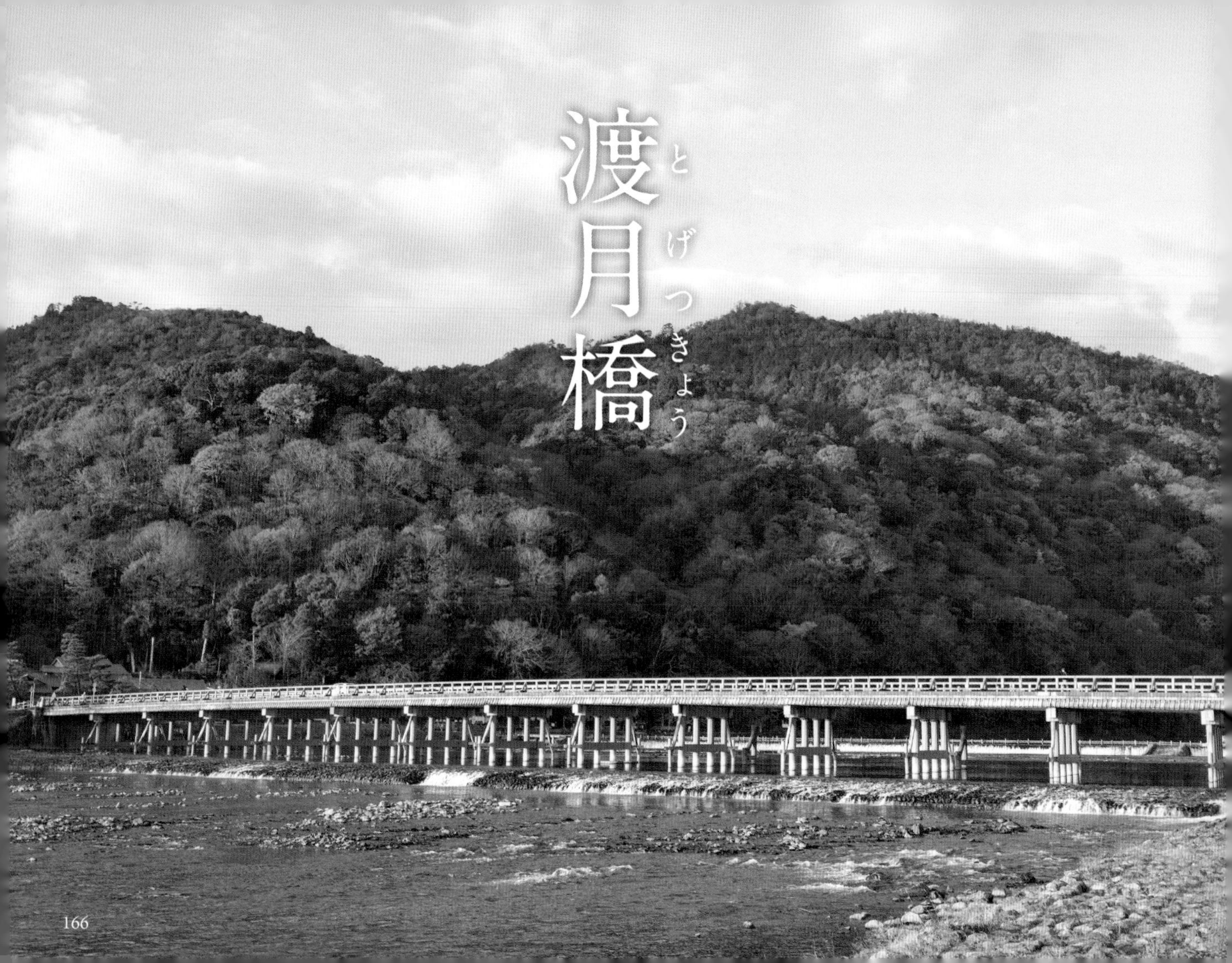

渡月橋
とげつばし

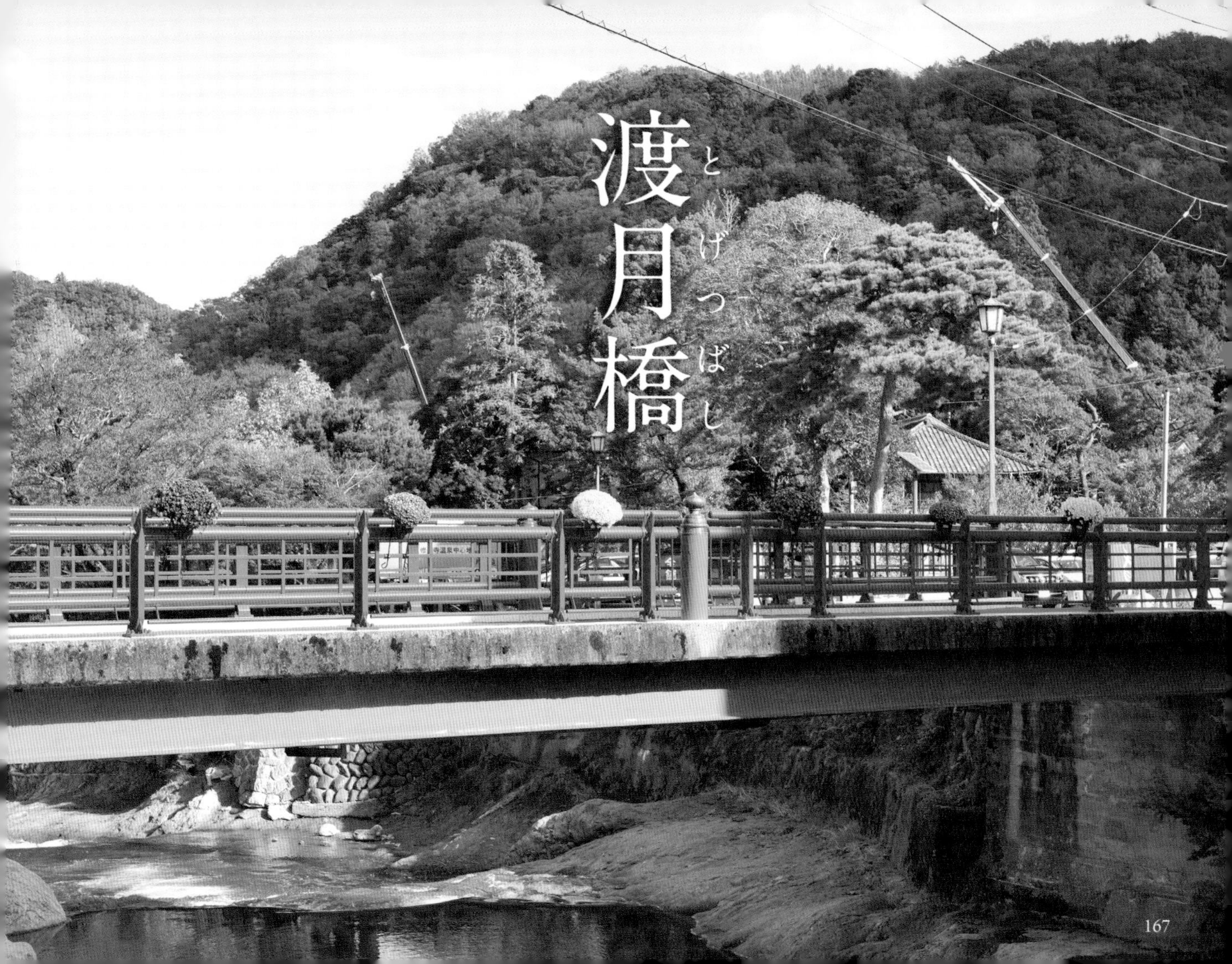

京都にあるのが「渡月橋《とげつきょう》」

伊豆にあるのが「渡月橋《とげつばし》」

嵐山に架かる名橋「渡月橋」は、亀山天皇（第90代天皇。1249～1305）が、満月の夜にこの橋を眺め「くまなき月の渡るに似る（雲のない夜空に月が橋を渡っていくようである）」と述べたことがその名前の由来とされている。この渡月橋の向こう側に見る紅葉の山々こそ、嵐山の象徴ともいえる風景だろう。京都では「渡月橋」と書いて「とげつきょう」と読むが、伊豆修善寺にはこれを「とげつばし」と読む橋がある。山深い修善寺は、鎌倉時代に源頼朝（1147～1199）の弟である源範頼《のりより》（1150～1193）などが幽閉された場所であった。この範頼のように都から流されてきた人が京都を偲び、当地に流れる川を「桂川」と呼び、そこに架かる橋を「渡月橋」と名付けたというのがその起り。今でも「桂川」と呼ばれるが、これは俗称で正式名称は「修善寺川」という。このように悲哀の歴史から生まれた修善寺の渡月橋であるが、今では観光客が訪れる名所となっている。

空海が開いた「修善寺」と「修善寺温泉」

静岡県伊豆市の地名にもなっている「修善寺」は、807年に弘法大師・空海が開創した寺院。同地の修善寺温泉も、河原の水で病気の父親の体を洗っていた少年を不憫に思った空海が、手にしていた独鈷杵《どっこしょ》という棒で河原の石を突いたところ湯が湧き出た――というのがその始まり。紅葉する山々と川、そして橋。小さいながらも、往時の人がここに京都を思ったことが、なんとなくわかる場所でした。修善寺のある中伊豆はわさびの名産地で、本物のわさびとともに食す当地の蕎麦も美味しかったです。

京都にも東京にもあるもの

～ 東伏見稲荷神社参拝記 ～

東京都西東京市の「東伏見」という地名が、京都の「伏見稲荷大社」に由来していることを知ったのは、けっこう最近のことでした。京都の伏見稲荷大社から分祀される形で、昭和4年（1929年）に創建されたのが東伏見稲荷神社。この神社が、この地名の由来になり、これに伴い西武新宿線の駅名も「上保谷」から「東伏見」に変わっていたんですね。大学時代、体育の授業でも通っていた東伏見にこんな来歴があったとは、なぜ気づかなかったのでしょう。京都で通っていた高校も、伏見稲荷大社の近くにあったというのにねぇ。

そんな思いを抱きつつ、今回、東伏見稲荷に初参拝してきました。鳥居をくぐり本殿に参拝して、この本のヒットも祈願。参拝後、本殿の奥に進むと鳥居のトンネルがあります。伏見稲荷大社といえば「千本鳥居」と呼ばれる鳥居のトンネルでも名高いところ。京都の整然とずらっと並ぶ様とは土地の起伏の関係もあって少し違うのですが、こちらも東伏見らしい美しさのある鳥居のトンネルでした。

このように京都と東京に共にあり、どちらも広く知られた神社には、愛宕《あたご》神社もあります。全国に900あるともいわれる愛宕神社の総本宮とされるのが、京都市右京区にある愛宕神社。清滝の

「東伏見」という地名はずっと知っていたのに、初参拝となった「東伏見稲荷神社」。清らかな心落ち着く神社でとても素敵なところでした。なんとなく京都を思い起こすところでもあり、大都会でちょっとホームシック気味の京都っ子にもおすすめですよ。

登山口から徒歩でおよそ2時間という山の上にあり、誰もが気軽に立ち寄れる場所ではありませんが、京都では多くの家庭に愛宕神社の火除けのお札が貼ってあるので、とても身近に感じる神社です。一方東京の愛宕神社は、慶長8年（1603年）に防火の神様として徳川家康の命によって祀られたもの。23区の天然の山ではもっとも高いとされる港区の愛宕山にあり、この神社に通じる急な「出世の石段」とともにこちらも広く親しまれています。

乃木神社も京都にも東京にもあります。日露戦争などで活躍した軍人・乃木希典《のぎまれすけ》を祀った神社は、東京では「乃木坂」という地下鉄の駅名にもなっているので、その存在を自然と知りましたが、京都市伏見区にある明治天皇陵の近くにもあることを今回初めて知りました。そのほか、乃木希典にゆかりのある場所に複数あります。

今、地域性に目を向けるとき、その「違い」に注目が集まりますが、このように「同じ」にスポットを当てても面白い――。今回の本を作る上での発見はここにあり「なんか似ているな」とか「なんか見たことあるな」というものって、けっこう同じ来歴を持っていたりするものです。「同じ」や「似ている」は町おこしや、地域振興のひとつのコンテンツになるのではないでしょうか。

文・岡部敬史

「京都」と題する本において、千葉県の鴨川市や埼玉県の嵐山渓谷に取材に行ったのは、我々が初めてではないでしょうか。

「京都に似ていることが地名の由来だけど、どこからの景色が似ているかは定かではない」というので見に行ったのですが、これが想像以上に楽しかった。そして似ている景色を見つけると、笑ってしまうのです。モノマネも似ていることで笑ってしまうわけですが「似ている」って不思議なパワーがありますね。「『似ている景色』とかいけるのでは……」などと、また取り組みたいテーマも見つけられた今回の取材となりました。

長年の目標だった故郷・京都の本を、自分らしい形で出版することができ、とても嬉しく思っています。今回は、故郷の本ということもあり、このシリーズでは初めて「おかべたかし」ではなく「岡部敬史」名義としました。このシリーズも第一弾となる『目でみることば』刊行からもう７年が経ち、心機一転、気持ちを新たにがんばろうと思っております。

取材でご協力いただいたみなさんありがとうございました。またいろいろな情報やアイデアをくれた立命館高校、朱雀第八小学校の友人たちもありがとう。

一緒に京都を走り回ってくれたカメラマンの山出高士さん。デザイナーのサトウミユキさん。東京書籍の藤田さんにも大きな感謝を。このシリーズ、まだまだ続いていきますので、これからも楽しみにしていてください。

写真・山出高士

最大の発見は「地蔵」だ。レンタル自転車で駆け回った京都取材、路地のあちこちにあるお地蔵さんの面白さに、京都生まれの岡部さんも気づいていなかったようだ。その面白さは、コラムに書いた通り「白塗り化粧地蔵さん」である。

８月下旬の地蔵盆という祭りでは、祠から出されたお地蔵さんに新しいメイクが施されるとまで調べがついている。町内会の顔役が慇懃と筆を振るうのだろうか？　子どもたちがワーキャーと塗りたくるのだろうか？「私も絵心もないのに『塗っといて〜』って筆渡されたことある」とは「わらじ亭」の女将の証言。興味が尽きない。「白塗り化粧地蔵さん」からは侘び寂びとか、奥ゆかしさとか、そういったものは感じず、宗教色があるのに、カラッとした楽しさすらも感じる。2020年地蔵盆を撮り歩く京都旅行を敢行したい。良いのが撮れたら発表します。お楽しみに！

さて、企画・執筆の岡部さん、デザインはサトウさん、東京書籍の藤田さん、いつもの４人で刊行出来たこと嬉しく思います。取材撮影させていただきました皆様にも大いに感謝申し上げます。

撮影協力 ＊敬称略

一文字屋和輔
叡山電車
おかる
大豊神社
株式会社 淡交社
鴨川市郷土資料館
喫茶ソワレ
貴船荘
京都酒蔵館
京都タワーホテル
京のおばんざい わらじ亭
京福電気鉄道
ゲストハウス糸屋
公益財団法人 日本武道館
護王神社
浄土宗総本山知恩院
千本釈迦堂 大報恩寺
大正製パン所
高橋提燈株式会社
月屋
天下一品
東華菜館
東海大学
原了郭
東伏見稲荷神社
フランソア喫茶室
本家尾張屋
本家根元かざりや
彌榮自動車株式会社
八坂神社
レストラン菊水

主要参考文献

『オールカラー図解雑学京都のふしぎ発見』
（高野澄・監修／抗迫一・著／ナツメ社）

『おどろき京都案内』
（日本経済新聞 京都支社・編／日経プレミアシリーズ）

『京都通になる100の雑学』
（清水さとし・著／じっぴコンパクト新書）

『京都の「違和感」不動産鑑定士の京都体験』
（杉本幸雄・著／淡交社）

『京都の事典』
（ランダムハウス講談社 MOOK）

『京都ビンボー遊び術』
（山﨑重子・著／かもがわ出版）

『京都まちかど遺産めぐり』
（千田稔 他・編著／ナカニシヤ出版）

『戦争のなかの京都』
（中西宏次・著／岩波ジュニア新書）

『小さな食京都案内』
（麻生圭子・著／集英社）

『地図で楽しむ京都の近代』
（上杉和央＋加藤政洋・編著／風媒社）

『謎解き京都』
（読売新聞大阪本社編集局・編／淡交社）

『ニッポンを解剖する！ 京都図鑑』
（JTB パブリッシング）

『歴史家の案内する京都』
（仁木宏＋山田邦和・編著／文理閣）